AF314348

Le Procès de Jacques Coeur

PAR **C.-JOSEPH JACQUES**

BATONNIER DE L'ORDRE DES AVOCATS

*La trahison - la félonie - le crime - les concussions
et les exactions
du grand argentier de France.*

Justum et tenacem propositi virum.
HORACE.

« Un juge peut-il, dans une question de
droit, juger selon une opinion probable
en quittant l'opinion la plus probable ?
— Oui, et même contre son propre senti-
ment : *imo contra propriam opinionem* ».
PASCAL.
(Lettres à Louis de Montalte,
citation de Castro Palao.)
L'affection ou la haine changent la justice
de face.
PASCAL. *Pensées.*

SOUCHIER IMPRIMEUR, ROANNE

1929

EOISY LE FORT

Le Procès de Jacques Cœur

La trahison - la félonie - le crime
les concussions et les exactions du grand argentier de France

---

Aux confins de la mer Egée et de l'Asie-Mineure, détachée de l'Archipel, proche l'entrée du golfe de Smyrne, minuscule et calme, paresse sous le soleil d'Orient et le ciel toujours bleu : l'île de Chio. Que de souvenirs éveillés par ce nom ? Les Turcs ont passé là, laissant derrière eux le sang, la dévastation et la mort. Ils sont restés les maîtres, mais les temps ont passé et le silence s'est fait.

Au début du xvme siècle cependant, les Cordeliers français, déjà missionnaires, avaient élevé une belle église votive. Elle est encore intacte. Si on pénètre dans le chœur on voit à même le sol une tombe. Sur la pierre : le pieux et fidèle Jean de Village a fait graver cette inscription que l'on retrouve aussi sur le livre obituaire de Saint-Etienne de Bourges :

Obiit generosi animi Jacobus Cordis ecclesiæque
capitanus generalis contra infideles (1).

---

(1) Un certain nombre d'auteurs dont : La Thaumassière, Godefroi, le Père Daniel et quelques autres, sont d'accord pour dire que Jacques Cœur, ayant reçu de ses facteurs Guillaume de Vaire et Jean de Village une somme de 60.000 écus d'or, se retira dans l'île de

Non datée, cette épitaphe est d'autant plus noble et plus évocatrice qu'elle est brève. Il semble que la piété et l'amitié réunies aient voulu donner à l'infortuné défunt la paix et la sérénité, mais en même temps lui affirmer une juste et solennelle réhabilitation.

Car cette tombe, oubliée aujourd'hui, est celle de messire Jacques Cœur, bourgeois de Bourges, conseiller et grand argentier du roi Charles VII de France, homme noble et puissant, seigneur du splendide Hôtel de la Chaussée à Bourges, des châteaux de Beaucaire, de Sancerre, de Béziers, de Lyon, seigneur de Saint-Gérand-de-Vaux en Bourbonnais, de Saint-Fargeau, des baronnies de Toncy et des Perreuses, avec leurs appartenances et dépendances en pays de Puisaye, seigneur de Boisy et de La Motte, de la moitié de Saint-Haon et de Roanne en Forez, de Menetou Salon, en Berry, des châtellenies de Feillanne en Murat, propriétaire des bruyères de l'Aubépin, des mines d'argent de Pompalieu et des mines de cuivre de Chessy, créateur de la première Bourse de commerce en sa maison de la Loge à Montpellier (1). Arrêté, poursuivi, convaincu et condamné, après avoir subi une détention de quinze mois et la question préventive des

---

Chypre où il fit fortune et put marier richement, par la suite, deux filles qu'il avait eues d'une dame du pays, nommée Théodora.

Ce récit fantaisiste est dû à André Thevet, voyageur qui vivait sous le règne de Henri Ier et qui, de son temps déjà, était décrié pour son ignorance et ses mensonges.

André Thevet poussa l'impudence jusqu'à déclarer avoir vu lui-même, dans l'île de Chypre, le tombeau de Jacques Cœur portant cette épitaphe :

Hic jacet : Jacobus Cordatus, civis Bituricensis.

Cette version est démontrée fausse : Jacques Cœur resta durant toute l'année 1455 à Rome auprès du Pape et mourut au mois de novembre 1456. Il est donc impossible d'admettre qu'il ait pu vivre à Chypre, faire une grande fortune, s'y marier et établir richement ses deux filles durant un si court espace de temps.

Au reste *Jean d'Auton*, historien de Louis XII qui avait vécu dans l'intimité des enfants de Jacques Cœur, après avoir raconté l'expédition des Français dans l'île de Mytilène (Matelin) en 1501, dit : « que « leur flotte aborda l'île de Chio pour y descendre les malades dont « quelques-uns moururent et furent enterrés dans l'église des Corde-« liers, auquel lieu est pareillement enseputuré Jacques Cœur dedans « le milieu du chœur de ladite église. »

(1) Pierre Clément : *Jacques Cœur et Charles VII ou la France au XV° siècle.*

L'auteur dénombre la fortune de l'argentier, soit : trente-deux terres ou seigneuries en différents lieux, 1 hôtel à Bourges, 2 maisons

coins, le 29 mai 1453, par le Grand Conseil du Roy, réuni sous la présidence du Chancelier de France Juvénal des Ursins, séant au château de Lusignan sur la Vonne, en pays de Poitou.

Ce procès eut un retentissement formidable. La personnalité de Jacques Cœur, son crédit à la Cour, sa puissance, sa richesse d'un côté ; de l'autre, les crimes de félonie, de trahison et de lèse-majesté, les concussions et les exactions qui lui étaient imputés soulevaient à la fois la curiosité, la pitié et l'anathème de tous.

Or il nous intéresse d'autant plus que Jacques Cœur avait appartenu à notre Roannais. Le 8 novembre 1447, en effet, par acte reçu Clavelli, notaire, il avait acheté de noble et puissant seigneur Eustache de Lévis, seigneur de Couzan et de Villeneuve et de noble dame Alix de Couzan son épouse, les châteaux, places et forteresses, terres et justices de La Motte, La Forest, Saint-Romain et Boisy, ainsi que la moitié ou autre part et portion qu'ils ont dans les châteaux, villes et mandements de Saint-Haon et de Roanne, moyennant le prix de 12.000 livres tournois.

Immédiatement après, par lettres patentes obtenues, par abénavis, et par ventes successives il avait acquis à titre définitif la superfluité de toutes les eaux, soit du Renaison, soit de la rivière de Bordel, soit des ruisseaux de Bétron et autres pour alimenter les étangs déjà considérables et les fossés du château de Boisy qu'il faisait agrandir et embellir sans regarder aux dépenses.

Il se proposait, car cet homme de génie avait toutes les audaces, de créer à cet endroit un centre considérable où de

---

à Paris, 4 maisons et deux hôtels à Lyon, maisons et châteaux à Beaucaire, Béziers, Marseille, Montpellier, St-Pourçain.

Il ne tient pas compte des mines d'argent, de plomb et de cuivre de Tarare, Chessy, Pompalieu, etc...

Il le porte créancier de sommes importantes sur quarante-deux personnages ou officiers royaux.

L'argentier du Roy n'était pas le surintendant des finances : c'était celui à qui les trésoriers royaux étaient obligés de remettre, tous les ans, une certaine somme des revenus du Roy, pour être employée aux dépenses de sa maison et l'argentier était tenu d'en rendre compte à la Chambre des Comptes. Etienne de la Fontaine, qui exerçait cet office en 1351, n'avait que quatre cents livres de gages. *Glossaire de du Cange.* Voir : *Argentarius.*

Les fonctions de Jacques Cœur étaient plus amples ; il était le banquier de la Couronne et de l'Etat.

grands moulins seraient élevés, puis de lancer à travers la région des prospecteurs hardis pour retrouver les gisements miniers qu'il soupçonnait. Déjà même il avait transporté le siège de justice séant à Roanne, à Saint-Haon, quand l'écroulement survint.

Homme d'affaires consommé, comparable à nos plus éminents ministres des Finances, Cœur sut trouver des ressources considérables dans un pays ruiné par la Guerre de Cent Ans, l'occupation des Anglais et les pillages organisés par les bandes. Ses contemporains eux-mêmes lui rendaient les hommages qui lui étaient dus : « A la con-« queste et recouvrement de la Normandie, écrit Jean « Chartier, s'employèrent le duc de Bretagne, le comte de « Richement, connétable de France, son oncle feu Pré-« gent, seigneur de Coetivy et de Raiz, amiral de France « et d'autres qui moururent à l'œuvre. De plus, afin d'en-« tretenir le faict et la charge de ladite guerre, tant sur le « faict de la justice que des finances et pour conseiller « bien et loyalement le faict et l'entretenement des gens « d'armes pour le recouvrement de ce duché, se gouvernè-« rent et travaillèrent grandement Juvenal des Ursins, « seigneur de Fraisnel, chancelier de France, et sire de « Goncourt, messire Théoulde de Valpergue, bailli de « Lyon, et surtout sire Jacques Cœur, conseiller et « argentier du Roy, lequel inventait les manières « et trouvait toutes subtilités (1) à lui possibles afin d'avoir

---

(1) Voici, parmi les subtilités dont parle Chartier, la manière de Jacques Cœur pour trouver et équilibrer son budget :

« On dit qu'il trouva, par la songneuse reserche qu'il fist de « l'estat des finances du Roy, qu'au royaume de France il y avait « dix sept cent mil clochiers, prenant chacune ville pour un clochier, « dont il rescindait (retranchait) pour pays gasté ou autrement « sept cent mil et par ainsi demeurait un million de clochiers. Et a « prendre sur chacun clochier, le fort portant le faible, vingt livres « tournoys par an pour tous aydes, tailles, impositions et huictiemes, « se monte en somme, par chacun an, vingt millions qui satisferont « à ce qui s'ensuyt :

« Premierement : pour la despence de l'hostel du Roy, par chacun « jour, mil livres tournoys, qui sont par an trois cent dix mil livres « tournoys. Autant pour la despence de l'hostel de la Royne et ses « dames et autant pour la despence des enfans, s'il en a.

« Pour entretenir en estat : les villes, forteresses et chasteaux du « royaume, par chacun an, ung million. Pour les gaiges de vingt mil « hommes d'armes, tant hyver que esté, pour chacun homme d'arme, « par an, six millions deux cent trois livres tournoys ; pour les gaiges « des officiers, ung million par an ; pour donner aux chevaliers,

« finances et recouvrer argent de toutes parts dont il a
« fallu sans nombre pour entrestenir lesdites armées et
« soudoyer les gens de gerre. »

Fut-il victime d'un orgueil (1) et d'une ambition déme-
surés comme plus tard devait l'être le connétable de
Bourbon ? Certainement non. Dans sa vanité de plébéien
parvenu aux plus hauts sommets eut-il le geste ridicule de
faire ferrer ses mules avec des fers en argent ? Fit-il graver
sur la porte principale de sa demeure princière cette arro-
gante et sotte devise : « Le Roy fait ce qu'il peut ; Jacques
Cœur, ce qu'il veut », ou cette autre que Verchère prétend
avoir pu déchiffrer à Boisy (2), en caractères gothiques du

« escuyers et autres, pour leurs mérites et récompenses, ung million
« par an ; pour donner aux estrangiers comme ambassadeurs et plu-
« sieurs gens alliés, ung million par an ; pour les engins de guerre,
« trois cent mil livres par an ; pour entretenir gens sur mer, deux
« millions par chacun an — qui est en tout quinze millions quatre
« cent vingt six mil livres tournoys.
    « Et par ainsi demeurait encore au Roy, a mettre en son espargne,
« ou pour augmenter le nombre de ses gens de guerre, quatre millions
« cinq cent soixante quatorze mil livres, par an, sous son domaine. »
            Jehan Bouchet, de Poictiers.
    Panégyrique du chevalier sans reproches, Louis de la Trémouille.
    Jacques Cœur ajoutait à ces ressources déjà puissantes, celles de sa
fortune personnelle.

    (1) Thomas Basin, écrivain du XV° siècle, rencontre en 1432, à
Damas, Jacques Cœur et trace de lui ce portrait :
    « C'était un homme sans lettres, de famille plébéienne, mais d'un
« esprit grand et ingénieux, très versé dans les habiletés de son
« siècle. Le premier en France, il fit construire et équiper des navires
« qui transportaient en Afrique et en Orient, des étoffes de laine et
« autres productions de ce royaume, pénétraient jusqu'en Egypte et
« en rapportaient des étoffes de soie et toutes sortes d'épices qu'ils
« distribuaient non seulement en France, mais en Catalogne et dans
« les pays voisins, tandis qu'auparavant c'était par les Vénitiens, les
« Genois et les Barcelonais que ces denrées arrivaient en France. »

    (2) Boisy date de la fin du XIV° siècle, ayant été bâti par Humbert
et Jean de Boisy. Le donjon carré est la partie qui fut le plus habitée
par Jacques Cœur. Ce dernier avait certainement fait effectuer de
grandes réparations au château. Dans les bâtiments de l'Est, en effet,
qui se composent d'une galerie ogivale, les clefs de voûte sculptées
portent les armes des Gouffier, des Genlis et de Jacques Cœur.
    Ces dernières sont des armes à enquerre (d'azur à la fasce d'argent
chargée de trois coquilles de sable et accompagnée de trois cœurs de
gueules). Ce blason fait échec à la loi héraldique qui veut qu'on place
couleur sur métal et non couleur sur couleur.
    Voir : *Roannais Illustré : Boisy*, art de Verchère.
    Noélas : *Légendes et traditions foréziennes.*

xv° siècle, sur un bloc de pierre calcaire encastré dans le mur au-dessous des machicoulis :

« A vaillans cœurs, rien d'impossible »

Magnifique devise en réalité et bien en rapport avec l'esprit entreprenant et tenace de Jacques Cœur. Mais quelle importance attacher à de si puérils détails ? En quoi ont-ils modifié les événements ? En quoi peuvent-ils les expliquer ? A cette heure encore et après cinq siècles ils restent incertains.

Ce qui nous saisit, ce qui motive notre émotion et la captive, ce qui d'ores et déjà est malheureusement démontré, c'est la faiblesse de Charles VII et la perfidie de son entourage. Jacques Cœur fut la victime d'une atroce cabale ourdie lentement mais sûrement avec le maximum d'astuce, de mensonge, d'audace et de haine par ses ennemis personnels, favoris du Roy, gens de noblesse mais vils, tarés, endettés et ruinés qui visaient les dépouilles du fastueux argentier. Ces dépouilles opimes, ils les ont obtenues de la jalousie et de l'incapacité du Roy, par ignominie et par forfaiture. D'avance, ils les ont partagées, n'ayant en vue que leurs intérêts et leurs appétits.

Leurs noms sont restés au pilori de l'histoire. Citons les principaux : Antoine de Chabannes, Georges de la Tremouille, Otto Castellani le Florentin, de Canillac, de La Fayette, Guillaume Gouffier, Antoine d'Aubusson, Antoinette de Maiguelaie, dame de Villequier (1), François de Montbéron seigneur de Mortagne et sa femme Jeanne de Vendôme dame de chambre d'Agnès Sorel, plus deux comparses abjects, l'un à la discrétion d'Antoine de Chabannes, l'autre à celle de Jeanne de Vendôme : Ferrand de Cordule et Jacques Calonne.

Formée aux débuts de l'année 1451, cette association malfaisante suivit admirablement le plan qu'elle s'était

---

(1) Antoinette de Maiguelaie, veuve du sieur de Villequier, la même qui vécut ensuite avec François II, duc de Bretagne, dont elle eut quatre enfants, était la maîtresse de Charles VII. On lit à ce sujet dans les mémoires de du Clercq : « En ceste saison aussi audict an 1455, Mademoiselle de Villeclerc, laquelle était très bien en la grâce du Roy et comme on disait, en faysait le Roy ce qui lui plaisoyt ; avait toujours trois ou quatre belles filles ou damoiselles les plus belles qu'elle pouvoit trouver, et suivoient le Roy partant en moult grand estat et bobant et tout aux depens du Roy. »

donné. L'attention et la jalousie du Roy furent éveillées et maintenues par chacun des conjurés agissant à tour de rôle et en toutes occasions utiles, soit sur la richesse déjà monstrueuse pour l'époque et sans cesse grandissante du tout-puissant argentier: richesse dangereuse pour le pouvoir royal et l'organisation du pays libéré des Anglais, soit sur ses accaparements, ses concussions et ses exactions en Languedoc où il avait été délégué par le Roy comme commissaire auprès des trois états de cette province et chargé de l'installation du Parlement de Toulouse ; soit sur les trafics extraordinaires d'armes, de harnais de guerre et de monnaies opérés avec les Turcs; soit sur les changes usuraires prélevés sur lesdits trafics ; soit sur les intrigues menées de concert avec le dauphin; soit sur les manœuvres et recherches alchimiques et autres maléfices de sa vie privée à Bourges; soit enfin sur sa responsabilité de l'empoisonnement et de la mort de la dame de Beauté si chère au Roy : Agnès Sorel (1).

« La vertu royale, écrit Montaigne, semble consister le plus à la justice, et, de toutes les parties de la justice celle-là remarque mieux les Roys qui accompagne la libéralité. »

Encore bien qu'il eût courageusement lutté pour reconquérir son royaume sur les Anglais, Charles VII était donc un pauvre Roy, sans personnalité, sans caractère, sans générosité (2). Il n'avait ni la force de vouloir, ni l'énergie de résister. Incapable de maîtriser ses passions, de taire ses sentiments, il était loin d'avoir la perspicacité de son fils le

---

(1) François Ier, poète à ses heures, avait écrit sur un de ses livres ce quatrain sur Agnès Sorel :

> Gentille Agnés, plus d'honneur tu mérites
> La cause etant de France recouvrer
> Que ce que peut dedans un cloître ouvrer
> Close nonnain ou bien devot ermite.

(2) Jacques Duclerc (historien du XVe siècle) donne cet aperçu sur Charles VII :

« Le Roy Charles avant qu'il eût paix avec le duc Philippe de « Bourgogne menait moult sainte vie et disait ses Heures Canno- « niaires. Mais depuis la paix faite audit Duc — encore bien que le « Roy continuait au service de Dieu — il s'accointa d'une jeune « femme laquelle fut depuis appelée « la Belle Agnès ». »

La paix faite avec le Duc de Bourgogne date de 1437. Agnès Sorel avait à ce moment 27 ans.

Montaigne disait, avec son langage si précis : « Que chascun se sonde au dedans, il trouvera que nos souhaits intérieurs, pour la plupart, naissent et se nourrissent aux dépens d'autrui. »

dauphin. Gardant toujours un souvenir amer de sa misère passée (1), la richesse fabuleuse de son argentier lui apparaissait tout à la fois inquiétante et insupportable: il était donc à la merci des envieux et des intrigants de son entourage.

Dès les premiers jours de l'année 1452, exaspéré par les dénonciations continuelles et les manœuvres habiles : Charles VII n'avait plus sa liberté d'esprit. Travaillant chaque jour avec son chancelier, puis avec son trésorier, il conférait en outre avec ses maréchaux et grands officiers et s'occupait des affaires de l'Etat avec sa régularité ordinaire. En apparence donc, rien ne paraissait changé dans ses habitudes; mais de jour en jour son caractère se modifiait, ses paroles devenaient plus brèves et plus cassantes, son humeur plus amère. Il voulait être le plus souvent seul et n'admettait plus personne à sa table, même son beau-frère, le comte du Maine qu'il affectionnait.

Or, le 9 février 1452, Agnès Sorel qui était venue rejoindre le Roy en Normandie (2), décédait subitement à l'ab-

---

(1) La misère de Charles VII avait été proverbiale et l'on se souvient de ce quatrain de Martial d'Auvergne au sujet d'un grand dîner donné par le roi à Lahire et à Poton de Xaintrailles :

> Un jour que La Hire et Poton
> Le venoient veoir pour festoiement
> N'avoyent qu'une queue de mouton
> Et deux poulets tant seulement.

(2) Agnès Sorel s'était rendue à Jumièges pour apporter au Roy une lettre qui portait le sceau du Dauphin et qui était adressée à Messire Jacques Cœur. Elle remit cette lettre à la Reine en lui disant : « Ah ! Madame, sauvez le Roy, sauvez la France, car tous deux « sont en grand péril. Mais ce qu'il y a de certain, c'est que Messire « Jacques Cœur est innocent de tout complot contre le Roy et lisons « ce message, bien qu'il lui soit adressé. »
Voici le contexte de la lettre :

« Monsieur l'argentier,

« Dieu vous garde autant que je le désire. Vous avez souvenir des « différends qui s'élevèrent il y a quatre ans entre mon très redouté « père et moi pour cette entreprise tentée à Razilli contre ceux de « mon conseil. Aucuns disent contre sa personne royale, mais ceux-là « sont malavisés. L'affaire échoua par le fait de M. de Chabannes « qui la redit au Roy et s'ensuivit notre disgrâce. Depuis ce temps « tout va de mal en pis, et votre advis sur ce point est conforme au « nôtre. Si donc vous pensez toujours de même, il n'est besoin de « tant retarder pour chasser hors cette poignée de mauvais conseil- « lers qui, si on n'y met ordre, conduiront l'Etat en ruine de financé « et perdition d'honneur. J'ai des gens à moi qui, sur un signal, se « rendront où vous êtes et agiront sur ce que vous leur direz. Leur

baye de Jumièges. Le Roy, la Reine, Jacques Cœur, Guillaume Gouffier, Hugues de Tancarville sénéchal de Poitou et sa femme, étaient présents dans la chambre pendant que le moine Augustin M. Denys exhortait pour la dernière fois la Dame de Beauté. Agnès Sorel avait tout son calme d'esprit, toute sa lucidité de pensée. Déjà son sacrifice était fait et la mort ne l'effrayait pas.

« N'oubliez pas, messire Jacques Cœur, dit-elle, en se « tournant vers lui et en lui prenant les mains ; n'oubliez « pas de faire exécuter les legs et autres que vous savez « et qui se trouvent inclus mon testament. Je désire « aussi que mon corps soit enterré à Loches et mon cœur « conservé à la présente abbaye de Jumièges, si toutefois « Monseigneur le Roy le permet. » Ce furent ses dernières

---

« exemple en attirera d'autres et s'il était besoin, vous vous feriez « appuyer par l'anglais.

« Sommerset entretient des intelligences parmi les plus proches « amis du Roy, je le sais. Plusieurs sont donc en bonne voie de trahir, « et si tel événement arrivait (ce qu'à Dieu ne plaise) qui livrât notre « honoré père et souverain aux mains de ses ennemis, il faudrait « d'abord laisser faire, pour aviser au moyen de le délivrer ; et ce « soin nous regarderait, puisque c'est nous alors qui serions Roy « de France. »

La Reine remit cette lettre au Roy sur la demande de ce dernier et en présence de Jacques Cœur. Après lecture, le Roy se tournant vers Jacques Cœur la lui remit en tremblant. Cœur la lut et la rendit au Roy en disant froidement : « Cette lettre est un faux, Sire. Jamais le Dauphin n'a écrit pareille infamie. On a volé son cachet et imité son seing. » Et il ajouta : « Si le Dauphin me faisait l'honneur de m'écrire, jamais il n'eût dit : « Au besoin, faites-vous appuyer par l'Anglais. » Un fils de France a-t-il pu dicter cela. Tout cela n'est que trahison. »

Le Roy fut impressionné par les paroles de Jacques Cœur et se tournant vers Agnès Sorel, lui demanda de préciser. Agnès protesta vivement de l'innocence de Jacques Cœur qui devait ignorer et ignorait ce message qui lui avait été remis à elle par un courrier disparu depuis. Le Roy déclara : « S'il est retrouvé, je le ferai pendre. » Sans dire autre chose, il s'en alla songeur.

Le coup habile imaginé par les adversaires de l'argentier était porté et la faiblesse du Roy ne put le supporter.

On comprend tout le parti que plus tard le Grand Conseil, à qui cette lettre fut remise par le Roy, put tirer de cette production. Antoine de Chabannes, qui était spécialement visé, fut le plus ardent et le plus odieux des accusateurs. Il parvint à persuader le Roy des relations qui existaient entre le Dauphin et Jacques Cœur.

A la réflexion cependant, Charles VII qui connaissait son fils, aurait dû comprendre que jamais un esprit aussi réfléchi que le Dauphin aurait pu écrire une lettre aussi compromettante et la confier au premier venu.

paroles. Charles VII garda le silence et les obsèques furent de la plus grande simplicité.

Cœur se doutait-il des agissements perfides de ses ennemis ? Jusqu'à cette date, aussi préoccupé des affaires de l'Etat que des siennes propres, il n'avait prêté aucune attention aux bruits qui croissaient autour de lui. Il ne voulait pas croire aux racontars et aux commentaires. Cependant, il ne put s'empêcher de remarquer que le Roy le congédiant à l'issue du travail de chaque jour ne lui disait plus en lui serrant les mains : « Adieu, messire Jacques, notre ami et bon conseiller », mais très sèchement : « Dieu vous garde de mal encombre, messire argentier ». Il avait prévenu de ce changement de formule son épouse, Macée de Léodepart, digne et sainte femme en laquelle il avait toute confiance. « Dieu sauve les armes de France », avait répondu Macée, qui ne se doutait pas du danger. Les temps étaient cependant révolus.

Le 31 juillet 1452, Jacques Cœur travaillait comme de coutume avec le Roy quand celui-ci s'interrompit tout à coup et se tournant vers l'argentier lui dénonça en termes violents toutes les accusations qui étaient portées contre lui.

« En agissant de la sorte, continua le Roy, vous saviez
« pourtant que ces entreprises dont vous aviez le profit,
« tournaient au désavantage de votre souverain, en susci-
« tant contre notre personne le mécontentement du popu-
« laire. »

« Je ne sais, répondit doucement Jacques Cœur, si c'est
« le Roy qui me parle en ce moment, si c'est le Roy qui
« m'accuse. »

« Ce n'est pas moi, dit le Roy, mais répondez à l'accu-
« sation.»

« Puisque ce n'est pas vous, dit l'argentier, qu'importe !
« Continuons notre travail, lequel est urgent. »

Dans la journée, on alla visiter un étrange monument druidique qui se dresse à peu de distance. C'est la Pierre Levée de Civrac qui abrita, dit-on, le sommeil de saint Louis après la bataille de Taillebourg. Au retour, Gouffier s'approchant de Jacques Cœur lui demanda son épée au nom du Roy.

L'argentier était arrêté. Incontinent, le procès tant souhaité par les favoris allait commencer. Laissons conter

le narrateur du xvᵉ siècle en gardant le plus possible la
naïveté et la saveur de son récit (1).

Après le décès subit de Dame Agnès Sorel, le bruit se
répandit dans tout le pays qu'elle avait été empoisonnée.
Jacques Cœur, pour lors conseiller du roy Charles VII et
son argentier fut soupçonné de cet horrible crime. Dans le
même temps, il fut aussi accusé d'avoir envoyé des harnais
de guerre aux Sarrazins ennemis du Roy et de la Foi chrétienne, d'avoir fait de grandes concussions et exactions sur
les sujets du Roy dans le pays de Languedoc et d'avoir fait
transporter sur les vaisseaux et galères une grande quantité
d'argent monnayé auxdits Sarrazins de manière que l'on
disait de manière courante que le pays de Languedoc était
entièrement dépourvu d'argent.

Le Roy ordonna d'informer à ce sujet, pour les informations faites et rapportées par devant lui et son Conseil
être statué ce qu'il appartiendrait. La commission d'enquête
fut composée de la plus grande partie des ennemis et
détracteurs de Jacques Cœur et se réunit aussitôt sous la
direction et présidence d'Antoine de Chabannes qui se fit
adjoindre pour les besoins de la procédure Mᵉ Jean Dauvet, procureur général de la Chambre du Trésor. Les informations étant faites furent rapportées au Roy qui se trouvait pour lors au château de Taillebourg en Saintonge, sur
les bords de la Charente, pour la conquête du duché de
Guyenne, mais seulement après avoir été examinées par le
Conseil et beaucoup d'autres personnes à ce commises.
Ainsi fut retenue aussi la déposition faite par Jeanne de

---

(1) Archives de la Bibliothèque de la Ville de Roanne. Du 29 mai
1453 au 5 décembre 1455 (XVᵉ siècle) :

Rouleau de vingt-huit membranes de parchemin formant environ
quatorze aunes, scellé du Grand Sceau, contenant les procédures et
condamnations prononcées par arrêt du Grand Conseil du Roy, en
date du 29 mai 1453, contre Noble Jacques Cœur, argentier du Roy,
seigneur de St-Romain-la-Motte, Boisy et de la moitié des seigneuries
de St-Haon et de Roanne dont les biens furent confisqués et vendus
au profit du Roy pour cause de crime de lèse Majesté et de concus-
sion ; contenant aussi les sentences du Conseil de la Chambre du
Trésor à Paris, touchant les criées subhastations et discussions
desdits biens et infirme la sentence d'adjudication desdites seigneuries.

Il serait fort intéressant de faire une étude parallèle des procès
des trois grands argentiers de France : Enguerrand de Marigny sous
Louis X le Hutin, Jacques Cœur sous Charles VII et Fouquet sous
Louis XIV.

Vendôme, épouse de François de Montberon, seigneur de Mortaigne, laquelle avait chargé Cœur de l'empoisonnement et de la mort de la demoiselle Agnès Sorel.

Le Conseil donna un décret de prise de corps contre Cœur ; ordonna que ses biens seraient incontinent mis sous la main du Roy et qu'on y établirait des commissaires ordonnateurs.

Immédiatement après ce décret, et même avant son exécution, Cœur se retira par devers le Roy et son Conseil encore assemblé en audience. Là, il exposa que, déjà par ordre du Roy, un de ses serviteurs avait été pris et ajouta qu'il avait ouï dire que l'on procédait aussi contre lui-même sans l'entendre au mépris de tout droit, équité et justice.

Il demanda avec la plus belle et grande énergie que son affaire fût examinée et qu'on lui rendît justice, offrant pour cela de se constituer volontairement prisonnier pour le temps qu'il plairait au Conseil, afin de se justifier des basses et méchantes accusations intentées contre lui.

Le Roi, en acceptant les offres qui lui parurent justes, ordonna qu'il fût arrêté, prisonnier audit château de Taillebourg, duquel il fut, quelque temps après, transféré au château de Lusignan sur la Vonne, en pays de Poitou, où fut commencé l'interrogatoire, ses réponses étant rédigées par écrit (1).

---

(1) Le château de Lusignan sur la Vonne était une véritable forteresse. Au-dessus de la principale entrée l'effigie de Geoffroy de Lusignan, dit Grande Dent, était sculptée dans la pierre. D'après la tradition, l'origine du château remontait à la fée Mélusine. Il comprenait trois grandes enceintes échelonnées à deux cents pas de distance.

Brantôme parle du château de Lusignan avec admiration : « On « pouvait dire que c'était la plus forte marque de forteresse antique « et la plus noble décoration vieille de toute la France. J'ai ouï dire, « a un vieux morte paye : Il y a plus de cinquante ans que quand « l'empereur Charles Quint vint en France (1539) on le passa par « Lusignan pour la delactation de la chasse des daims qui étaient « là dedans un des beaux et anciens parcs de France, à très grande « foison ; qui ne put se saouler d'admiration et de toute la beauté, « la grandeur et le chef-d'œuvre de cette maison, et faite, qui plus « est, par une telle dame, de laquelle il se fit plusieurs contes fabu- « leux qui sont là fort communs jusques aux vieilles bonnes femmes « qui lavaient la lessive à la fontaine que la reine Catherine de « Médicis mère du roi voulut aussi interroger et ouïr. Les uns « disaient qu'ils la voyaient venir à la fontaine pour s'y baigner « en forme d'une très belle femme en habits de veuve. Les autres

Dès les premiers interrogatoires, confronté avec ses accusateurs et mis en présence de Jeanne de Vendôme qu'il ne connaissait pas, son indignation fut si vive et sa défense si forte, que l'accusatrice saisie et troublée fit amende et rétracta sa déposition en tombant à genoux et demandant pardon à tous de ses mensonges et calomnies (1).

« Cette femme a menti ! s'écria Jacques Cœur, vous en « êtes témoins. Pourquoi donc me retenez-vous encore « appréhendé et prisonnier ? »

« Si cette femme a menti, répondit Danmartin, elle sera « condamnée pour faux témoignage à faire amende hono-« rable, comme il convient, et toutes réparations vous « seront accordées à raison de ses calomnies. Mais c'est un « point qu'il importe d'éclairer. Confiez-vous à la sagesse « et à l'impartialité de vos juges. »

« Je ne vois pas de juges ici; je ne vois que des ennemis « déloyaux qui veulent se partager mes dépouilles. Si je « dois être jugé, le seul tribunal que je reconnaisse à com-« pétence, c'est le Parlement. »

Il ne fut donc ni répondu ni statué sur ses demandes. Puis le Roy étant allé pour les affaires de Guyenne au château de Montilz-les-Tours, Cœur fut conduit incontinent au château de Maille.

Là, on produisit, encore à sa charge, de nouvelles informations plus graves qui y furent examinées et par le Conseil et par de nouveaux commissaires à ce députés.

Dans ces nouvelles informations, Cœur était accusé du crime de fausse monnaie. « En ce que, en 1429, étant associé aux fermes de la Monnaye de Bourges, il avait fait forger des écus au-dessous du poids de l'ordonnance, c'est-à-dire qu'au lieu de faire forger les écus au nombre

---

« disaient qu'ils voyaient, mais très rarement — et ce le samedi « après vêpres (car en cet état ne se faisait-elle guère voir se bai-« gner), moitié le corps d'une très belle femme, moitié de serpent. »

(1) *Déposition de Jeanne de Vendôme :* « Une ombre s'est glissée « la nuit dans l'appartement de Dame Agnès où je couchais comme « dame de chambre. Le pêne de la serrure a cependant grincé. Cette « ombre, bien reconnaissable à sa démarche et à la forme particu-« lière de l'aumusse qu'elle portait, ne pouvait être que Jacques « Cœur à qui toutes les portes et corridors du monastère de Jumièges « étaient connus, et j'offre de prêter serment de ce que j'ai dit. »

Le serment de Jeanne de Vendôme ne fut point requis.

L'aumusse était un chaperon rare.

de soixante-dix pour former le marc et au titre de dix-huit carats, il les avait fait forger au nombre de soixante et seize : quatre-vingts et quatre-vingt-neuf écus pour le marc et au titre de quatorze ou quinze carats.

Comme aussi en l'année 1430 au lieu d'avoir fait forger les réaux au nombre de soixante-quatre pour le marc et au titre de vingt-trois carats et trois-quarts de carats, il les avait fait forger seulement au titre de vingt-trois carats du poids d'un demi-réal de moins par marc (1).

Plus : il est dit dans le réquisitoire d'information que Cœur: afin que ses vaisseaux et galères fussent mieux traités et qu'il pût tirer deux ou trois cents exportes de poivre du pays d'Alexandrie, sans payer le droit du Soudan, qui pouvait monter à quatorze ou quinze ducats par exporte, avait envoyé et fait présenter audit Soudan par ses gens, au nom du Roy, une grande quantité d'instruments de guerre comme cranequins, haches, guisarmes, couleuvrines, vouges, juserans, etc., etc., quoique le roi ne lui en eût donné aucune commission, ce qui accrédita le Conseil, qu'à cause desdits instruments de guerre, les Sarrazins avaient gagné une bataille sur les Chrétiens, dont le blâme retomba sur le Roy.

Plus : que ledit Cœur avait fait fondre une grande quantité d'argent allié, composée en partie des espèces courantes du royaume, montant environ au poids de vingt mille marcs, qu'il avait fait mettre en lingots, et qu'il avait fait transporter avec une grande quantité de cuivre à Alexandrie et autres parts; qu'il les y avait vendues sans aucune permission du Roy et contre les ordonnances du royaume en appauvrissant les sujets du Roi et en enrichissant ses ennemis ; que quoique ledit argent fondu et transporté par ledit Cœur fut de beaucoup au-dessous du taux de l'ordonnance du royaume; néanmoins pour le vendre au même prix que celui du taux de l'ordonnance, il avait fait marquer ledit argent à une fleur de lys contrefaite ; qu'ainsi en falsifiant la marque du Roi il avait déshonoré Sa Majesté et avait porté atteinte à la réputation des Français et des Sarrazins.

---

(1) Réale d'or ou Réal d'or : Valait trente sols tournois, c'est-à-dire une livre et demie d'après les tersiens ; d'après d'autres dix-sept sols et six deniers tournois.

Plus : que ledict Cœur avait aussi fait transporter une grande quantité de billon tant en or qu'en argent à Avignon et autres lieux hors du royaume.

Plus: que ledict Cœur avait de son autorité privée et par violence fait mettre dans les prisons de Montpellier, pendant l'espace de deux mois, un enfant de quatorze ou quinze ans, que Michel Tainturier, serviteur dudict Cœur, avait ramené d'Alexandrie sur la galère *Saint-Denys*, qui appartenait audict Cœur. Cet enfant s'était enfui de l'esclavage d'un Sarrazin qui le retenait captif en qualité de chrétien, et en se réfugiant sur ladite galère, s'était mis à genoux aux pieds du patron en criant à haulte voix: *Pater noster, Ave Maria*, disant par là qu'il voulait être bon chrétien. Cœur, craignant que ses galères essuyassent quelque insulte de la part des Sarrazins à cause de l'enlèvement de cet enfant, força avec menaces ledit Tainturier, patron de sa galère *Saint-Denis*, à le ramener à son prochain voyage chez son maître, à Alexandrie.

Plus : que ledict Cœur avait fait prendre et emprisonner plusieurs gens qu'"il disait être des coquins et les avait fait mettre sur ses galères pour y travailler, parmi lesquels se trouve un jeune pèlerin allemand allant à Saint-Jacques-de-Compostelle, qui de chagrin de se voir pris et mis sur ledites galères, se jeta à la mer et se noya ; que ledict Cœur fit aussi pendre et mettre sur ses galères deux sergents du Roy de la ville de Montpellier; que ledict Cœur les donna à des corsaires et pirates en échange contre d'autres gens.

Plus : que ledict Cœur, de son autorité privée et à l'insu du Roy, avait fait faire un petit scel en plomb ou en cuivre semblable au petit scel de secret du Roy, lequel petit scel depuis l'emprisonnemnt dudit Cœur avait été jeté au feu et fondu secrètement par ses gens.

Plus : qu'à l'époque où l'on traitait du mariage de Jeanne, fille du Roy, avec le comte de Clermont, ledict Cœur, à l'insu et au déshonneur du Roy, avait dit aux sieurs de Canillac, de La Fayette et autres qui étaient réunis à Chinon, pour parler au Roy de ce mariage, qu'ils ne l'obtiendraient pas de Sa Majesté si : premièrement, ils ne lui donnaient deux mille écus pour jouer aux dés et que Cœur prit au nom du Roy les obligations desdits seigneurs pour la somme de deux mille écus.

Plus : que lorsque Cœur, en qualité de conseiller et d'officier du Roy, avait la charge et gouvernement des finances et qu'il était commis avec plusieurs autres conseillers et officiers pour bailler les fermes du pays de Languedoc, sans pouvoir être lui-même associé avec ceux qui prenaient lesdites fermes, il s'y était néanmoins associé dans les fermes des foires de Pézenas et Montignac durant plusieurs années ; qu'en ce faisant, ils donnaient lesdites fermes au-dessous du prix de leur valeur pour avoir moyen d'y faire de grands proficts au préjudice du Roy et de l'Etat ; que, notamment en 1441, ledict Cœur avec les autres commissaires ayant passé le bail à ferme desdites foires de Pézenas et de Montignac, au prix de 9.550 livres tournois, où il était intéressé, fit néanmoins observer et entendre à ses associés que ces fermes avaient été précédemment affermées au prix de 12.000 livres et, par son autorité, força ses associés à lui tenir compte de la somme de 2.450 livres dont il ne tint aucun compte lui-même au Receveur général.

Plus : que ledit Cœur en recevant les finances du Roy dans le pays de Languedoc, ne recevait les écus qu'au-dessous de la valeur courante, c'est-à-dire les écus pour 26 sols et 8 deniers et les réaux pour 29 sols et 2 deniers ; qu'à ce prix il avait reçu plus de deux ou trois cent mille pièces, et que, lorsque ledit Cœur tenait compte au Roy desdites finances, il lui baillait les écus pour 27 sols et 6 deniers tournois et les réaux pour 30 sols.

Plus : que ledit Cœur avait levé et exigé dudit pays de Languedoc, en outre de la taille, des sommes excessives à l'insu du Roy et commis plusieurs autres concussions par force et sans ombre de perte de finances, tant sur ledit pays de Languedoc en général que sur les revenus particuliers dudit pays, et s'était rendu coupable de diverses exactions vulgairement appelées épices, de manière que cette province était par son fait obérée d'argent.

Plus : que ledit Cœur prêtait au Roy ses propres deniers et s'en faisait payer l'intérêt.

Cet acte complet d'accusation déposé en mains du Conseil, ce dernier ordonna de nouveau que Cœur serait interrogé de rechef par les commissaires à ce députés, tant sur la mort et empoisonnement de la demoiselle Agnès Sorel, que sur les accusations contenues dans lesdites informations et que ses réponses rédigées par écrit seraient rapportées par devers le Roy pour en être ordonné ce qu'il appartiendrait.

C'est alors que le conseiller enquêteur, Antoine de Cha-

bannes, lors du premier interrogatoire, déposa ès-mains du
Conseil un parchemin qui fut présenté à Cœur et que ce
dernier reconnut pour être signé de Ferrand de Cordule et
qui contenait les déclarations suivantes :

« Je, Ferrand de Cordule, docteur ès sciences, maître ès
« arts, natif du royaume de Léon au pays des Espagnes,
« déclare être venu au pays de France pour prendre grades
« à l'Université de Paris, en laquelle cité me trouvant, ai
« noué commerce avec le grand argentier, messire Cœur,
« noble homme, opulent de toutes richesses et curieux de
« tout sçavoir, qui, par belles promesses m'ayant attiré à
« Bourges et lié à sa fortune, me fit voyager sur ses vais-
« seaux de commerce du Levant, pour rapporter des
« Levantins notables recettes de parfums précieux et de
« subtils poisons, comme aussi nous cherchions ensemble
« les moyens de faire de l'or.

« Le sire Charles septième (que Dieu conserve !) ayant
« baillé à cens, pour douze années, moyennant deux cents
« livres par an, audict Jacques Cœur les mines de Saint-
« Pierre-la-Palud près Lyon, item les mines de Pompalieu
« et de Cosnes, item les mines de Chessieu et de Rose-sur-
« Tarare ; nous recherchâmes de connivence les moyens
« d'extraire de ces mines l'or, l'argent et autres métaux
« qu'elles contenaient. Mais tant d'ouvriers payés pour cette
« besogne eussent faict œuvre vaine si les engins et subtili-
« tés de magie ne fussent venus s'y joindre ; ce par quoi
« l'on peut dire que la pierre philosophale est véritable-
« ment échue audict argentier pour accroître ses trésors à
« l'instar de ceux de Crésus.

« En son hostel de Bourges, où j'ai gîté, se trouvent les
« preuves de mon dire : telles que fourneaux, alambics,
« mortiers, matras, cornues et autres instruments servant
« à la cuisine d'alchimie, et pour mon compte ai beaucoup
« aidé, m'étant de longue main muni de tous enchante-
« ments à ce nécessaires, lesquels enchantements m'ont
« rendu invulnérable même à la dent des lions et des
« léopards, ce que témoigna la rencontre où j'eus le signalé
« bonheur de préserver les jours de très victorieux et très
« excellent prince Monsieur le Roy. S'il m'eût été donné de
« préserver également les jours précieux de très haulte
« dame Agnès Sorel de Saint-Gérand morte ès abbaye de
« Jumièges, le neuf février de l'année dernière, je pourrai
« espérer le pardon de Dieu pour mes fautes. Mais ladite

« dame étant trépassée par le fait d'un poison ou breuvage
« noir, dont pour notre usage, j'avais baillé la recette au
« sire argentier, je dois m'en remettre humblement à la
« justice miséricordieuse du Roy, confessant ma part de
« complicité involontaire dans ce crime et résigné d'avance
« au châtiment terrible qui m'est dû.

« En foi de quoi de tout ce que dessus j'ai signé et
« paraphé la présente déclaration.

« FERRAND DE CORDULE. »

Cette lecture faite, Cœur garda le silence en regardant
de tous côtés.

« Que demandez-vous donc ? » interrogea l'un des
commissaires.

« Je demande qu'on fasse venir céans le misérable qui
« a écrit et qui rétractera en ma présence comme déjà l'a
« fait Jeanne de Vendôme. Il doit être prisonnier dans le
« château. Faites-le chercher. » Cette demande trop juste
ne pouvait être rejetée. Guillaume Gouffier donna au gouverneur du château l'ordre d'amener Ferrand de Cordule
devant le Conseil. Ce dernier sortit sur le champ accompagné d'archers. mais revint peu après pour déclarer que le
prisonnier ne pouvait être traduit céans car il venait de
s'évader et toutes diligences étaient faites pour sa capture.

« Vous êtes gouverneur du château, déclara Chabannes,
« par conséquent responsable des prisonniers. Vous aurez
« à répondre de leur évasion devant le Conseil. S'ils dispa-
« raissent, vous prenez leur place ! »

Cœur resta longtemps sans parler, puis s'adressant à
Danmartin, qu'il savait moins excessif que les autres :
« Ainsi mon calomniateur est libre et je reste prisonnier ?
« Mais laissons cela. Je repousse avec horreur le double
« crime qu'un vil accusateur m'impute. Ma parole suffit.
« Je refuse toute justification comme déjà je l'ai refusé au
« Roy. »

Quelques jours après, le corps sanglant et dépouillé de
Ferrand de Cordule était trouvé au bord du grand chemin.

Toute confrontation devenait impossible. La Commission d'enquête décida de porter l'interrogatoire sur les
charges accessoires ; le chef d'empoisonnement étant d'ores
et déjà à peu près écarté.

Interrogé sur l'énorme quantité d'argent et de cuivre
qu'il avait fait sortir du royaume, Cœur répondit que telle

est la loi du commerce, de faire sortir l'argent des frontières d'un Etat et de l'y faire rentrer suivant le courant des affaires et l'afflux des opérations, le niveau finissant toujours par s'établir d'Etat à Etat comme de négociant à négociant, lorsqu'arrive la balance de l'année.

Interrogé sur ses malversations en Languedoc et sur le fait de contrefaçon du petit scel d'Etat, répondit : qu'il avait toute sa vie servi le Roy Charles de tout son pouvoir, prudemment et loyalement, sans avoir détourné ni dérobé aucun de ses deniers, mais que, par les faveurs et grands biens qu'il avait reçus du prince, il s'était avancé dans le négoce et avait gagné la fortune dont il jouissait. Les gratifications a lui votées par les Etats du Languedoc durant trois années successives comme dédommagement des sommes que lui coûtait l'entretien de l'armée employée à la conquête de la Normandie, ces gratifications faisant foi de la fidélité de l'administration en matière d'impôt et repoussaient victorieusement tous reproches de malversations en cette province.

Puis Cœur déclara solennellement n'avoir jamais eu l'âme assez basse et l'esprit assez mauvais pour avoir contrefait ou fait contrefaire, ni en cuivre ni en plomb, le petit scel d'Etat que, sur ce point, il mettait tous accusateurs au défi d'en rapporter preuve quelconque.

Interrogé sur la violence exercée par son ordre contre un esclave chrétien, lequel s'étant sauvé d'Alexandrie y avait été ramené à bord d'un vaisseau de Jacques Cœur et restitué à son maître Sarrazin, ce qui avait forcé cet esclave de renier la foi chrétienne. — Il faut que Michel et Isaac Tainturier soient bien lâches pour m'accuser, eux pour qui je fus si bon maître. Cet esclave, j'ignorais qu'il fût chrétien, et quand je l'aurais su, avais-je le droit d'enlever et de pendre furtivement un esclave qui appartenait à un Sarrazin, lorsque par un traité conclu avec le Soudan d'Egypte notre allié, il est convenu que les sujets de l'une et l'autre nation, ne s'enlèveront pas leurs serviteurs. Tout serment engage, fût-il prêté à un infidèle, et le commerce a besoin de ses mutuelles garanties. Les commerçants se sont plaints à moi de l'enlèvement de cet esclave; le grand maître de Rhodes, Jean de Lastic, m'a écrit lui-même que c'était agir contre la sûreté donnée aux marchands français, et qu'au premier voyage nos galères seraient inquiétées.

J'ai donc assemblé, dans ma maison de la Loge à Montpellier, un Conseil de négociants, et d'assentiment unanime, il a été décidé qu'on rendrait l'esclave. Pouvais-je alors hésiter ?

Interrogé sur le fait d'avoir embarqué de force à bord de ses galères, un pèlerin de Saint-Jacques-de-Compostelle, que l'on disait homme d'Eglise, et qui de désespoir s'était incontinent jeté dans les flots de la mer et noyé, répondit : que cette accusation odieuse était l'œuvre de ses *haineux* Isaac et Michelet Tainturier père et fils, lesquels, après avoir grandement démérité comme patrons de ses galères, s'étaient tournés contre lui et avaient vendu leurs témoignages pour le perdre.

Interrogé sur le transport de plusieurs armures et d'un grand nombre d'armes et de harnais de guerre expédiés au pays des Sarrazins, tels que cranequins, haches, guisarmes, couleuvrines, vouges, fescrans, au moyen desquels lesdits mécréants, ainsi armés et défendus, avaient remporté de cruels et notables avantages sur les chrétiens.

Cœur protesta d'abord contre cette accusation infâme, puis répondit que tous les envois d'armes ou aultres avaient été faits sur l'ordre du Roy lui-même, avec l'agrément et permission de leurs Saintetés Eugène IV et Nicolas V, permissions qui existaient encore soit à Rome, dans les registres du Vatican, soit à Aigues-Mortes et à Montpellier, sur les registres personnels de Cœur.

Quant au harnais de guerre complet qui aurait été porté au Soudan d'Egypte, par son écuyer Jean de Villaye, Cœur affirma sur sa foi et honneur que c'était un présent du roi de France et invoqua sur ce point et le témoignage du roi de France et la lettre du Soudan d'Egypte (1).

---

(1) Voici la teneur de cette lettre qui fut remise en mains du Roy à Bourges par Jean de Village. Le Roy la passa au chancelier Guillaume Juvénal des Ursins qui en donna lecture à haute voix.

« Au lion, seigneur du monde, grand comme St Georges qui tua le
« dragon, seigneur de la terre de France, seigneur aumônier, roi des
« rois à qui toutes gens demandent licence, seigneur de la mer et
« de la terre, très bien sailli d'hotel, très-chrétien en nom de St Jean
« qui baptisa Jésus-Christ, et de Notre-Dame ; ami des Mores et
« seigneur des Mores, notre seigneur te donne santé et bonne vie.
« Charles, Roy de France, des cités du Soudan, grand roi des rois
« Jamascq. Maher et Daher, seigneur sage, guerroyeur et défenseur
« de la loi des Mores, grand soudan des Mores et de leur foi, qui fait

Guillaume Gouffier intervint avec violence pour déclarer que le Roy ne se souvenait pas d'avoir autorisé l'envoi d'un pareil présent et que du reste il était en déplacement au château de Chicey. Cœur demanda à être transporté auprès du Roy, ce qui lui fut refusé.

Interrogé sur les faits d'avoir, dès l'année 1429, alors qu'il n'était encore que maître des Monnaies de Bourges, fait fabriquer des écus de moindre poids et aloi que ceux dont le cours était permis par les ordonnances, comme aussi d'avoir transporté ou fait transporter au pays d'Alexandrie vingt mille marcs et plus d'argent blanc qu'il avait fait

---

« raison a chacun qui a guerre l'un contre l'autre, seigneur des deux
« mers et de maintes terres, libéral aux esclaves de son pays des
« deux églises saintes de Lameth et d'Abraham. Dieu croisse le
« mien et me donne bonne vie et à tout mon peuple.

« Au nom de Dieu soit fait et te donne bonne vie, seigneur lion,
« dragon, loup, forticien, qui restes seul chrétien au monde, oncle du
« seigneur qui porte la bannière jaune (le roi de Hongrie) libéral,
« sage et miséricordieux, seigneur et conseiller des autres seigneurs,
« seigneur de la mer et de la terre et de tous les chrétiens, puissant
« à tous, mainteneur du baptême et défenseur de la bannière du
« Christ, Charles de France, ami des Mores et de leurs seigneurs ; Dieu
« te maintienne en paix, exauce tes prières et te laisse bien mourir.

« Cette lettre te demande que tu sois bien advisé : que nous
« soyons amis et bien d'accord.

« Ton ambassadeur, homme d'honneur-gentilhomme, lequel tu
« nommes Jean de Village, est venu à moi et m'a présenté tes lettres
« avec le présent que tu m'as mandé et je l'ai reçu, et j'ai fait
« toutes choses suivant ton désir, donnant licence à tous marchands
« pour tous nos pays et ports de marine. Ledit ambassadeur est
« venu en grand honneur et lui ai fait accueil, recevant son présent
« en grand amour et plaisir pour l'amour de toi.

« J'ai donc écrit et mandé à tous les seigneurs de mes terres, et
« par spécial au seigneur d'Alexandrie, qu'il fasse libre entrée aux
« marchands de ton pays, de préférence à tous autres et sûre com-
« pagnie et bonne escorte aux pélerins de France qui vont à Jéru-
« salem et à Ste-Catherine, car le tien ambassadeur m'en a prié.
« Il ne sera donc rien exigé d'eux que les droits et us d'usage et nul
« sur Ma Majesté ne sera si osé d'entreprendre davantage. Et le tien
« ambassadeur est retourné vers toi avec ma présente réponse après
« avoir été de mes mains revêtu de robe d'or. Et je lui ai remis pour
« toi en présent savoir : du baume fin de notre sainte vigne, un
« beau léopard, trois écuelles de porcelaine de Chine, un plat de
« pareille porcelaine, deux grands plats ouverts, deux jonques vertes
« de porcelaine, un lavoir pour les mains et un garde-manger de
« porcelaine ouvrée, une jatte de fin gingembre vert, une jatte de
« noyaux d'amandes, une jatte de poivre vert, des amandes, cin-
« quante livres de notre fin bamouguet et un quintal de sucre fin.

« Dieu te mène a bon sauvement, Charles, roi de France. »
Voir à ce sujet la *Chronique de Mathieu de Coussy*.

fondre et diminuer par alliages, ce qui, tout en appauvrissant le royaume, avait déconsidéré le poinçon royal aux yeux des Sarrazins et mécréants qui, pour lors, ne s'étaient point fait faute de traiter le Roy de France de faux monnayeur.

Répondit noblement que loin d'avoir diminué le titre et le poids des monnaies du royaume de France, il s'était, au contraire, efforcé de les rétablir en *faisant fabriquer sur le fin;* que l'affaiblissement de valeur et de poids des monnaies lui avait toujours paru un expédient funeste pour relever les ressources d'un Etat offranchi, et que l'épithète *de faux monnayeur* donnée autrefois au roi Philippe-le-Bel ne pouvait l'être aujourd'hui sans injustice à Charles VII, le souverain le plus excellent et le plus loyal de toute la chrétienté.

Pour lors, quant à lui, Jacques Cœur, ses opérations de change n'avaient rien de contraire et de blâmable puisque, depuis deux siècles au moins elles faisaient la base principale du commerce de la France du Midi avec le Levant : les Mahométans échangeant librement, et au su de tous, leurs dinars d'or et leurs dirms d'argent contre le cuivre des chrétiens, pour fabriquer avec leur monnaie simple et de l'usage ordinaire.

Puis il protesta encore que l'honneur de la France n'avait point été entamé par ces affaires de change de monnaie et qu'aucun affront n'était échu à la souveraine fleur de lys.

Interrogé sur le fait d'avoir, alors qu'on traitait le mariage de Madame Jeanne, fille aînée du Roy, avec le comte de Clermont, déclaré ouvertement aux seigneurs de Canillac et de La Fayette et à d'autres encore qui étaient venus, de Chinon de la part du duc de Bourbon, pour conclure le traité, qu'ils ne feraient rien que préalablement le Roy n'eût reçu deux mille écus pour jouer aux dés et faire ses plaisances aux prochaines fêtes de Noël, lesquels deux mille écus, lui, Jacques Cœur, poussé de lucre et d'avarice, avait touchés au nom du Roy qui avait toujours été ignorant de cette chose.

Répondit à voix forte : « Les seigneurs de Canillac et « de La Fayette cy présents sont mes obligés et débiteurs « de pareille somme de deux mille écus. Leurs obligations « et signatures que je possède en mains font foi de leurs « dettes et de mon désintéressement.

« Au reste, bon nombre d'entre vous, Messeigneurs (1),
« sont logés à cette même enseigne et de beaucoup mon
« meilleur plaidoyer serait de lire la liste de toutes ces
« bonnes créances que je tiens sur chacun de mes juges.
« Je ne ferai point pareille lecture, ne le craignez pas. Mais
« laissez-moi liberté de me défendre ; donnez-moi temps
« suffisant pour assembler preuves et témoins ; donnez-
« moi des avocats et des conseils pour me guider, car je
« suis seul. Mes amis et serviteurs ont été pourchassés et
« sont en fuite ou disséminés au loin sur mes galères ;
« certains témoignages sont enfouis dans les archives des
« villes du Languedoc, il faut les rechercher. »

Lors Guillaume Gouffier intervint : « Quant au délai
« sollicité, il est nécessaire d'attendre avant de prononcer
« définitivement. Mais la coutume du Royaume (et sur ce
« point il en appela à la déclaration du Procureur Général,
« Jean Dauvert présent) n'est pas d'accorder un conseil
« quelconque à un officier de Finances accusé d'avoir
« malversé dans son office, à raison plus forte, à l'argentier
« du Roy. Il doit donc être laissé à l'accusé de se défendre
« seul. »

« Je voudrais, répondit Jacques Cœur, qu'il fut permis
« à Guillaume de Varic, le premier de mes facteurs,
« actuellement en Orient, de revenir en France et de
« librement m'assister. »

Danmartin traita cette demande de folle prétention, et
Cœur ayant alors demandé l'assistance soit de l'évêque
d'Agde, soit du cardinal d'Estouteville, personnages de

---

(1) Jacques Cœur était créancier non-seulement des courtisans,
mais encore de la famille royale elle-même. Signalons seulement les
déclarations suivantes. La première de Marguerite d'Ecosse, femme
du dauphin plus tard Louis XI, écrivant le 20 juillet 1445. « Nous
« Marguerite, dauphine de Viennois, confessons avoir reçu de M*
« Etienne Petit, secrétaire de Monseigneur le Roy et receveur général
« de ses finances en Languedoc et Guyenne, deux mille livres tour-
« nois a nous donnés par mondit seigneur et a nous baillées par les
« mains de Jacques Cœur son argentier. Nous était naguère en Lor-
« raine pour avoir des draps de soie et martres pour faire robes pour
« notre personne. » Une pièce de 1450 au cabinet des titres de la
Bibliothèque Nationale porte un reçu de soixante mille livres donné
par Jacques Cœur au receveur général de Normandie « pour restitu-
« tion de semblable somme par moi prêtée comptant audit seigneur
« au mois d'août l'an passé, pour le fait de la rendication en
« son obéissance des villes et chastel de Cherbourg lors occupés par
« les Anglais, anciens ennemis du royaume. »

toute honorabilité et grandeur, Danmartin, Gouffier et d'Aubusson s'y opposèrent avec la dernière violence.

Devant ces refus systématiques, Cœur eut un moment de défaillance. « Vous refusez à l'accusé un avocat, au pri- « sonnier un ami et un soutien, vous refusez au grand « argentier de voir le Roy, permettrez-vous au père de voir « son fils. Monsieur de Bourges est près d'ici, laissez-le « venir. Ma pauvre Macée est morte de mon arrestation et « emprisonnement. Je vous supplie, Messieurs, d'accorder « cette requête. Vous l'accorderiez au plus criminel. »

Les commissaires se réunirent pour en délibérer, puis la demande fut rejetée. Cœur dit avec découragement : « Alors, je suis à votre merci, faites donc de moi ce qu'il « vous plaira. » Dans le même temps, les informations reprirent. Cependant deux des conseillers, Hugues de Couzay, lieutenant général du sénéchal du Poitou, et Hélie de Tourotte, lieutenant général de Saintonge, firent obser- vation et déclarèrent qu'il y avait rigueur excessive et injustice à refuser au prisonnier les facultés de recueillir et rassembler les titres épars nécesaires à sa justification. En conséquence ils demandèrent à la Commission de déci- der d'accorder à Cœur, à titre d'intermédiaires pour cette recherche, deux de ses facteurs, les sieurs Jean Thierry, secrétaire du Roy, et Pierre Jober, changeur du Trésor.

Cœur fit remarquer immédiatement que ces deux fac- teurs, honnêtes hommes d'ailleurs, étaient complètement étrangers et ignorants des affaires de finances, que leur mission ne lui serait d'aucun secours, qu'ils seraient inha- biles pour retrouver tous documents en Languedoc. La Commission maintint cette désignation et enjoignit aux deux experts de s'en tenir expressément aux preuves écrites et de ne retenir aucun témoignage, quel qu'il pût être.

De plus, elle persista dans sa décision première d'écar- ter l'audition de tout témoin à décharge.

Pareillement et sans aultre adict, il était notifié à l'ac- cusé qu'on lui accordait un délai de deux mois suffisant· pour le rassemblement et la présentation de ses preuves matérielles, délai devant partir du 1er juillet pour finir au 1er septembre.

Les deux experts choisis par les commissaires, Jean Thierry et Pierre Jober, reçurent lors toutes instructions utiles et suffisantes, mais leur départ pour le Languedoc fut volontairement différé jusqu'au 15 juillet, dans le but de rendre leur mission inutile et leurs recherches vaines, étant donné le court espace du temps.

Cependant, les interrogatoires avaient repris et se continuaient d'abord au château de Maillé, par la suite au château de Montilz-les-Tours, où Cœur avait été transféré.

En ce dernier lieu, les commissaires demandèrent au Roy adjonction de quelques officiers et de quelques conseillers des Parlements de Paris et de Toulouse, étant considéré le grand nombre de pièces à dépouiller et examiner, et des témoins à entendre, étant compris également la difficuté et l'importance de l'accusation.

Point à ne pas laisser dans le silence : pas un des témoins nommés par Cœur pour sa décharge et acquittement ne fut admis à audition, alors que cent cinquante et plus témoins furent ouïs par la Commission.

Pour lors, une fois encore, le transfert et déplacement de Cœur fut ordonné et ce dernier fut conduit prisonnier au château de Poitiers.

Les instructions restaient incertaines et menaçaient de tourner à confusion, quand la Commission, outrée de la résistance et de la constance de Cœur, voulut elle-même consacrer sa honte et son injustice. Elle décida que pour arracher les aveux nécessaires, la torture serait appliquée.

Ordonné, par sentence rendue par la Commission sous la direction d'Antoine de Chabanne, le 22 mars 1453, le supplice de la question du brodequin fut subi par Cœur le lendemain, veille du dimanche des Rameaux.

« J'en appelle au Roy, dit Cœur avec force, de toute
« cette infâme procédure suivie contre moi et de l'horrible
« torture que vous allez me faire subir. Vous en répondrez
« devant Dieu. »

Au cours du supplice et alors que le bourreau frappait du maillet le second coin, Cœur demanda grâce d'une voix brisée et se déclara prêt à faire tous les aveux qu'on demanderait. Evanoui et sans force, il fut transporté dans son cachot, mais acte des déclarations avait été pris et mentionné par les greffiers.

C'est dans cette prostration que son fils, l'archevêque de Bourges, put enfin le voir. L'entrevue fut poignante. L'archevêque en larmes prit son père dans ses bras et le conjura d'espérer. De suite, il s'entremit avec quelques-uns de la commission. Après discussions, ayant acquis certitude que tout espoir d'arriver à sauver son père devait être

abandonné étant donné la partialité et l'indignité des juges,
il eut alors la pensée de soulever un déclinatoire d'incom-.
pétence de la juridiction laïque et soumit son projet à l'archevêque de Tours et à l'évêque de Poitiers qui l'approuvè-
rent et l'appuyèrent de leurs démarches personnelles
auprès du Roy.

D'après le déclinatoire, Jacques Cœur était et ne pouvait être justiciable que des tribunaux ecclésiastiques : car
il était clerc.

Il n'était pas rare, en effet, que des hommes mariés
fussent clercs et tonsurés : Jacques Cœur se trouvait dans
ce cas. De plus, la mort de sa femme, Macée de Léodepart,
brisant le lien conjugal, faisait de lui ce que l'on appelait
un clerc libre, suivant l'expression *un clerc solu.*

Le déclinatoire soulevé régulièrement, les trois prélats
de Bourges, de Tours et de Poitiers, déposèrent les lettres
de tonsure retrouvées après d'actives recherches et les
accompagnèrent de doctes commentaires et réclamations.

La commission ne se tint pas pour convaincue, et sur les
conclusions de la procédure suivie jusqu'alors, déclara
qu'elle ne pouvait accepter que des preuves matérielles, et
se refusa à prendre en considération les lettres de tonsure
qui n'étaient point décisives. L'exhibition fut repoussée.

Ce fut Guillaume Gouffier qui donna les conclusions
avec sa brutalité de soldat : « Aucune recherche n'a pu
faire découvrir le barbier qui a tonsuré Cœur. L'a-t-il
donc été en réalité ? Il faut donc croire que le fait de cette
cléricature a été inventé de toutes pièces et imaginé pour
la sauvegarde du coupable. Il est de notre devoir de passer
outre. »

La commission se ralliant à cet avis et rejetant le déclinatoire, double appel fut émis : le premier par l'évêque
de Poitiers, le second par l'archevêque de Bourges.

Le premier appel se basait uniquement en droit. Reçu
par Louis Piat, notaire royal il protestait contre la sentence
de rejet au nom de la juridiction ecclésiastique, méprisée
lésée et compromise. Le second appel reçu par Geoffroy
Goron, clerc et garde du scel royal établi aux Contreaux,
à Poitiers, exposait que : « puis naguères il était venu a
« sa notice et cognaissance *que certains haineux malveil-*
« *lants de Jacques Cœur son père* s'efforçaient de pour-
« chasser plusieurs griefs, dommages, intérêts, troubles et
« empeschements à sa délivrance, dont et desquels griefs

« par lui dits et exposés il a appelé et appelle où il pourra et
« devra, et de ce requiert instrument ou lettres testimonia-
« les pour lui servir et valoir ce que pourra et devers qui il
« pourra. »

Charles VII, dans ce même temps, revenait à Lusignan
pour surveiller les mouvements de ses troupes opérant en
Guyenne. Il demanda la production intégrale du dossier
afin de pouvoir examiner par lui-même cette grande et
émouvante accusation et redresser si besoin était les erreurs
des juges.

A cet effet, il convoqua son Grand Conseil composé de
seigneurs et princes du sang, mais auxquels il adjoignit
sans scrupule les commissaires qui avaient dirigé l'information et conduit si indignement le procès.

Situons les débats : Les erreurs et les malversations des
juges étaient nombreuses, manifestes, éclatantes. A leur
honte, la défense de l'accusé avait été entravée et rendue
impossible. L'avocat du Roy, Barbin, pour emporter condamnation, avait truqué les pièces, modifié les aveux,
changé les déclarations de témoins et supprimé toutes les
pièces justificatives produites par l'accusé.

Les témoins, déposant sous serment prêté sur les Saints
Evangiles, étaient des gens perdus, infâmes, déjà convaincus de meurtres et de crimes, gagnés à prix d'argent pour
déposer contre Jacques Cœur. Plusieurs d'entre eux avaient
rétracté leurs dépositions, notamment Jeanne de Vendôme,
épouse de Montbéron, qui avait confessé son crime à haute
voix et demandé pardon à genoux pour sa mensongère
déclaration faite contre Cœur. Ferrand de Cordule avait
été retrouvé assassiné et dépouillé, peu de jours après la
lecture de sa lettre devant la commission, et tout portait à
croire que cette lettre accusatrice n'était qu'un faux. Les
deux commissaires dépêchés par les soins de la commission, Jean Thierry, secrétaire du Roy, et Pierre Jober,
changeur du Trésor, n'étaient jamais revenus de Languedoc où ils avaient été dépêchés et n'avaient jamais envoyé
aucun procès-verbal régulier de leur investigation.

Faut-il signaler enfin la composition de la commission
d'information ? Tous les commissaires, tous les enquêteurs
étaient les ennemis et les accusateurs de Jacques Cœur, et
leur commission régulière n'avait jamais été donnée.

Cependant, le 29 mai 1453, le jour même où Constantinople, après un siège de cinquante et un jours, tombait

aux mains des Turcs, l'arrêt suivant était rendu contre
Jacques Cœur :

« Charles, par la grâce de Dieu, Roy de France. A tous
ceux qui ces présentes lettres verront, salut. Comme après
le décès de feue Agnès ,Sorel, damoiselle, la commune
renommée fut qu'elle avait esté empoisonnée, et par icelle
renommée, Jacques Cœur, lors nostre conseiller et argentier,
en eust été soupçonné et aussi d'avoir envoyé des harnais
de guerre aux Sarrazins nos anciens ennemys et de la foi
chrétienne et que aucun de nos sujets nous essent faict
plusieurs grants plaintes et clameurs dudit Jacques Cœur,
disant icelui Jacques Cœur avoir faict plusieurs grandes
concussions et exaccions en nostre païs de Languedoc et
sur nos sujets et avoir transporté ou fait transporter auxdits Sarrazins par ses gens, facteurs ou serviteurs, sur ses
galères, grande quantité d'argent blanc et tellement qu'il
en avait, ainsi que l'on disait, comme du tout exillé et
décimé notre païs de Languedoc. Pour quoy, eussions
ordonné être faictes informations par aucuns de nos gens
et officiers et icelles faictes : rapporter par devers nous
pour y pourvoir et en ordonner ainsi que faire se devrait
par raison. Lesquelles informations faites mesmement sur
ledit cas de la mort et empoisonnement de la dicte demoiselle Agnès et rapportées par devers nous au chastel de
Taillebourg où nous estions pour la conqueste de notre
païs et duché de Guyenne ; les avons faict voir et visiter
en nostre présence par ceux de nostre Grand Conseil et
plusieurs autres de nos gens et officiers à ce appelés en
grand nombre. Et icelles informations vues et visitées bien
au long et aussi la déposition de Jehanne de Vendosme
damoiselle dame de Mortaigne qui touchant ledit cas de
la mort et empoisonnement de ladicte demoiselle Agnès,
avait depposé à la charge dudit Jacques Cœur par l'advis et
délibération desquels gens de nostre Grand Conseil et
autres dessusdits eussions appointé et ordonné : que iceluy
Jacques Cœur soit arresté, ses biens mis en nostre main
par inventaire et en garde de bons et surs commissaires
qui en eussent rendu compte et reliqua quant et là où
il appartiendrait. Depuis lequel nostre appointement et
incontinant après et avant l'exécution d'iceluy ; ledit Jacques Cœur se fut traict par devers nous et en la présence
desdits gens de nostre Conseil et autres dessusdits étant
encore assemblez nous eut dist et exposé : « Que l'on avait

pris par nostre ordonnance l'un de ses serviteurs et avait
entendu que l'on faisait certain procès contre lui ; en nous
requérant qu'il nous plust avoir regard a son faict et lui
tenir terme de raison et de justice, en nous offrant de soy
mettre en prison et tenir tel arrêt qu'il nous plairait pour
soy justifier des cas dont on l'accusait ; auquel Jacques
Cœur par l'advis et délibération desdits gens de nostre
Grand Conseil et autres dessudits eussions faict dire de par
nous : que sa dite offre était juste et raisonnable et que en
icelle acceptant voulions et ordonnons qu'il tint arrest
audit chastel de Taillebourg — et pour ce eust iceluy Jacques Cœur été arresté prisonnier audit chastel de Taillebourg — et en iceluy détenu et gardé par aucun temps et
depuis mené par nostre ordonnance en nostre chastel de
Lezignan, auquel chastel ledit Jacques Cœur fust interrogé
par plusieurs et diverses fois par notables hommes tant de
nostre Conseil que autres a ce commis par nous et depputés
et ses confessions rédigées par écrit. Et depuis, pour ce que,
pour aucuns nos grants affaires nous transportâmes au
chastel de Montilz-les-Tours, fust aussi ledict Jacques
Cœur mené et transporté de nostre dict chastel de Lezignan
au chastel de Maillé ou par devers nous et nosdits commissaires furent apportées plusieurs autres informacions à la
charge dudit Jacques Cœur. Lesquelles ordonnâmes, par
iceux nos commissaires et autres que de nouvel commismes
avec eux, être vues et visitées, et par lesdites informacions
ledit Jacques Cœur fut trouvé chargé.

« Que dès l'an 1429, lui étant compaignon de la ferme
de nostre Monnoye de Bourges, il avait forger écus a moindre poix et loy, comme etant escus de soixante seize, quatre
vingt quatre et quatre vingt neuf écus pour marc et a
quatorze et quinze carats ; combien qu'il derest avoir lors
forgié escus de soixante et dix au marc et à dix huit carats,
selon nos ordonnances royaux et par ce moyen y avait en
prouffit de vingt ou trente escus pour marc où il n'en
devait avoir que deux escus en desfraudant et derobant.
Nous et la chose publique de nostre royaume et en commettant, ce faisant, crime de fausse monnoye.

« Et pareillement en l'an 1430, duquel an, par nostre
ordonnance, furent forgiés royaulx de soixante quatre au
marc et a vingt trois carats et trois-quars de carats, d'avoir
forgié et fait forgier en ladite Monnoye de Bourges :
royaulx a vingt trois carats et de poix moins demi réal sur

le marc. Et semblablement aussi d'avoir fait et commis
plusieurs autres grant faultes ou abus ou fait de nos dites
monnoyes de Bourges.

« Fut aussi trouvé chargé ledit Jacques Cœur par
lesdites informations : que lui ou ses gens avaient fait
mener grande quantité de harnais ausdits Sarrazins et mescréans et que iceluy Jacques Cœur, afin que ces galères
fussent mieux traitées et qu'il put tirer deux ou trois cens
exportes de poivre du pays d'Alexandrie sans païer le droit
au Soudan, qui pouvait monter quatorze ou quinze ducats
par exporte ; avoir envoyé et fait présenter par ses gens
audit Soudan des Sarrazins certaine grant quantité de
harnois ou habillemens de guerre ou aultres armes invasi-
ves, c'est assavoir de cranequins, haches, guysarmes, couleuvrines, vouges, paserans et autres habillemens de guerre,
et qui pis était, avait fait présenter ledit harnois audit
Soudan en nostre nom, combien que de ce faire n'eust
charge ni commission aucune de par nous.

« Et estait commune renommée que par le moien desdits harnois ainsi transportez audit Soudan et Sarrazins
par ledit Jacques Cœur, iceux Sarrazins avaient gagné une
bataille sur les chrétiens, dont on nous donnait charge et
blasme de le avoir souffert, cuy dans ceux qui ainsi nous
en donnaient blasme que ce fut de nostre congié et vou-
lonté, combien qu'il n'en feus rien.

« En outre fut trouvé chargé par lesdites informacions
ledit Jacques Cœur, d'avoir fait mener et transporter audit
païs d'Alexandrie et vers lesdits Sarrazins grant quantité
de cuivre et aussi d'avoir fait fondre et mettre en lingos en
notre royaume et en aucune de nos monnoyes, et ailleurs
grant quantité d'argent blanc alayé en partie de notre
monnoye ayant cours à présent, et d'autre billon a moindre
loy de deux deniers ou environ que n'est l'argent aiant
cours en nostre dit royaume et iceluy argent blanc ainsi
fondu et alayé comme dit est, en grant quantité et jusqu'à
vingt mil marcs d'argent, mené ou fait mener par ses
dites gens, facteurs et serviteurs, sur ses dites galères et
de là au païs d'Alexandrie et autre part, sans aucun congié
ou licence de nous, ausdits Sarrazins mescréans nos ennemys et ennemys de la foy, en venant et faisant par ce
moïen contre nos ordonnances royaulx et en apouvrissant
et comme du tout désimant dudit argent et de chevance
nosdits royaume et subject d'iceluy ; et aussi en enri-

chissant lesdits Sarrazins nos ennemys et ennemys de la foy chrétienne. Et combien que ledit argent blanc ainsi fondu, alayé et transporté auxdits Sarrazins par ledit Jacques Cœur ou ses dites gens et serviteurs ne fust de pareille loy comme celuy qui avait et qui a cours en nostre dit royaume : mais de moindre loy beaucoup. Néanmoins pour le mieulx vendre et a pareil pris que celuy de la loy de nostre royaume, ledit Jacques Cœur de son autorité privée l'avait signé ou au moins permis et souffert signer par ses dits facteurs, gens et serviteurs, a une fleur de lys contrefaite, en falsifiant et contrefaisant notre marque, dont grant deshonneur était advenu de nous et a nos subjects, car les Sarrazins qui avaient acheté dudit argent et l'avaient trouvé de moindre loy que ladite marque ne démontrait, avaient dit tout communément et en présence de plusieurs autres marchans estrangés que Françoys étaient trompeurs.

« Avait ainsi ledit Jacques Cœur, comme il apparaît par lesdites informations, transporté ou fait transporter par ses dites gens, facteurs et serviteurs, grant quantité de billon tant d'or comme d'argent, en Avignon et ailleurs, hors de notre dit royaume, en contempnant nos dites ordonnances royaulx sur ces faictes, lesquelles, ledit Jacques Cœur, qui autrefois avait été maître des monnayes, ne pouvait ignorer ni les peines contenues en icelles.

« Fut aussi ledit Jacques Cœur trouvé chargé par informacions que : combien que, en l'an 1446, la galère *Saint-Denis*, appartenant audit Jacques Cœur estant en Alexandrie et Michel Taincturier, patron d'icelle, ung jeune enfant de l'aâge de quatorze à quinze ans, chrestien, de la terre du Prestre Jehan, détenu esclave par ung Sarrazin, se fut rendu en ladite galère *Saint-Denis*, est mis à genoils devant ledit patron en criant : « *Pater noster, Ave Maria* », et en disant qu'il voulait être bon chrestien et que pour ceste cause il s'en était fouy de l'hostel dudit Sarrazin son maistre et que ledit Michel Taincturier l'eust fait amener sur la dite galère *Saint-Denis* jusques en nostre ville de Montpellier où ledit enfant eust demeuré pas loing temps et pas plus de deux mois avecque aucuns bourgeois et marchans de ladite ville et aussi avecque feu maistre Pierre du Moulin lors archevêque de Toulouse, en le servant de office de varlet de chevaulx, et cependant se feut ledit enfant maintenu et gouverné comme chrétien, en alant à l'église, oyant messe comme les autres chrestiens et eust été en sa franchise et liberté sans être détenu aucunement ainsi que l'on a accoutumé destenir esclaves. Néanmoins ledit Jacques Cœur estant audit Montpellier avait mandé ledit Michiel Taincturier venir parler a luy et luy avait fait très mauvaise chière et dist plusieurs paroles injurieuses en lui disant : « qu'il avait mal fait d'avoir amené ledit esclave chrestien d'Alexandrie et de l'avoir robé à son maîstre, que ses galères en pourraient avoir à souffrir au temps lors à venir, et jà soit que ledit Michiel Taincturier se feust excusé et eust conté au dit Jacques Cœur le cas tel qu'il estoit, et avec ce-luy eust dit qu'il ne faisait pas grande estimacion du danger des dites galères et que le Sarrazin maistre dudit enfant, sy aimerait mieux cinquante ducats que l'enfant. Néanmoins ledit Jacques Cœur n'avait tenu compte de ladite excusacion dudit Taincturier ni de chose qu'il luy eust dit, mais luy avait dit qu'il falloit rendre ledit enfant et que si aucun dommage en advenait à ses galères il destruirait ledit Michiel Taincturier et son frère aussi. Et depuis, ledit Jacques Cœur avait pareillement envoyé quérir Ysart Taincturier père dudit Michiel et luy avait dit semblables et toutes et telles paroles qu'il avait dit par avant audit Michiel son fils — et en oultre avait renyé Dieu, que, au cas que ses dites galères en auraient à faire, il destruirait ledit Ysart et son fils de corps et de biens en lui disant qu'il fust comment que ce feust qu'il recouvrast ledit enfant — et depuis iceluy Jacques Cœur ou ses gens et sa victime par son ordonnance et commandement et de leur autorité privée, si avaient prins et emprisonné ledit enfant ès prison du bailly de nostre ville de Montpellier et illecy avoit été détenu par force et contre son gré et volonté l'espace de deux mois et plus et jusques à ce que les galères dudit Jacques Cœur se furent despéchées pour s'en aller audit païs d'Alexandrie que iceluy Jacques Cœur le fist traire desdites prisons prendre et mener ses dites galères, retourner audit païs d'Alexandrie et délivrer audit Sarrazin son maistre, où il a depuis autrefois renyé la foy chrétenne, en commettant par ce moien et en ce faisant plusieurs grants et énormes crimes, comme crime de lèse-majesté, force publique, prison privée, transfert de notre juridiction en autre, crime de plaige et autres plusieurs.

« Fust en outre trouvé ledit Jacques Cœur chargé par

lesdites informacions d'avoir fait prendre et emprisonner plusieurs gens qu'il disait être ruffians et coquins, et mectre en ses galères pour naviguer : entre lesquels y avait de prins ung jeune homme aleman, pèlerin qui allait à Saint-Jacques, que l'on disait estre homme d'église, lequel quant s'était trouvé ainsi prins et mis es dites galères de deuil et desplaisances, s'estait gesté en la mer et noyé. Furent aussi prins et mis ès dites galères deux nos sergens de nostre dite ville de Montpellier, et par les gens et facteurs dudit Jacques Cœur, chargés et baillés avec coursaires et pirates pour et en échange d'autres gens et lesquels deux nos sergens estoient morts ou l'un d'eux depuis en la main desdits coursaires.

« Fust aussi ledit Jacques Cœur chargé par icelles informacions d'avoir fait faire de son autorité et sans notre sceu, ung petit scel de plomb en cuivre pareil et semblable à notre petit scel de secret, et lequel petit scel, depuis l'arrest et empeschement dudit Jacques Cœur avait été gesté au feu et fondu secrètement par aucuns de ses gens et serviteurs.

Et aussi fust trouvé par lesdites informacions que pendant le temps que l'on traitoit le mariage de nostre très chiere et très aimée fille Jehanne avec nostre très cher et très aimé cousin le comte de Clermont : iceluy Jacques Cœur, meu de grant avarice et non siant nostre faict et honneur devant ses yeux ainsi qu'il devait, avoir dict aux seigneurs de Canillac, de la Fayette et d'autres qui estoient venus en nostre ville de Chinon par devers nous, de par nostre très chier et très aimé cousin le duc de Bourbon, pour la poursuite dudict traictié de mariage ; qu'ils ne feroient rien vers nous touchant ledict traictié de mariage sinon que nous eussions payment deux mils escus pour jouer aux dés et faire nos plaisances es fêtes de Noël qui estoient lors prochaines à venir, et que pour ladite somme de deux mil escus il avait prins les obligations et scellés desdits seigneurs de Canillac et de la Fayette, en nous chargeant en ce faisant très grandement en notre honneur, car jamais ne l'eussions voulu ni daigné penser.

« Fust en outre trouvé ledit Jacques Cœur chargé par lesdites informacions d'avoir exigé et en induement plusieurs grandes sommes de deniers des marques des Genevoys, de Provence et de Cataloigne et especialement d'avoir accumulé l'ancienne marque des Genevoys mise sur pour récompenser les dampniffiez en la perte de la galère de Narbonne avec la dernière marque mise sur pour les dampniffiez en la galère Saint-Denis au grand préjudice et dommage desdits dampniffiez pour lesquels ladite première et ancienne marque avait été ordonnée ; car par ladite accumulation et union desdites deux marques des Genevoys : le paiement des dits premiers dampniffiiez en avait été délogé et appetisié et en telle manière que là où ils eussent été payés dedans six ou huit ans, ils ne le seront pas dedans trente ans et là où ils eussent eu par chacun ou livres ou escus ils n'auront pas sols.

« Avait aussi ledit Jacques Cœur fait croistre la somme desdites marques de beaucoup plus qu'elle ne devait être, à la grande charge de nos subjects — et si avait levé et exigé sur ladite marque des Genevoys la somme de six mil escus d'or — soulz ombre de ce qu'il était pour distribuer entre les commissaires qui avaient varqué à l'assiette de la dite marque et paier les autres frais et dépenses faites en la poursuite d'icelle marque, combien qu'il n'en ait siens baillé.

« Avoit aussi reçu ledit Jacques Cœur de Aubert Panes, receveur de ladite marque, la somme de six cens escus d'or pour obtenir lettre de nous pour mectre sur ladite marque, et combien que les autres dampniffiez en ladite galère de Narbonne ne feussent payés contens de ce pourquoy ils avaient été colloqués en ladite marque des Genevoys, mais attendant leur paiement par chacun ou, selon leur collocation. Néanmoins ledit Jacques Cœur par son autorité s'estoit fait paier content et en avait reçeu six cents soixante escus et pour ses intérêt la somme de mil francs, et combien que par ce moien il eust été payé content et entièrement de sa dite dampniffication de ladite galère de Narbonne. Néanmoins, par la grande autorité qu'il se donnait, il s'était fait de rechief colloquer en la marque de Cataloigne pour sa dite dampnification pour ladite galère de Narbonne, et aussi s'était fait payer content et en avait receu deux mil escus d'une part et la somme de treize cent soixante trois livres d'autre part, et avec ce s'estait fait paier content les deniers de ladite marque la somme de six mil escus d'or soubz couleur des frais et mises qu'il disait avoir faictes en la poursuite de ladite marque dont il n'était riens du grant retardement du paiement et dommaige des autres dampniffiez colloqués en ladite marque.

« Avoit aussi ledit Jacques Cœur receu de la composition de la marque de Provence la somme de douze mil florins pour icelle somme distribuer entre les dampniffiez colloqués en ladite marque, dont il n'avait riens fait ; ainçois avait retenu ladite somme de douze mil florins et appliquée a soy, et combien que ledit Jacques Cœur fust lors notre conseiller et officier et eust la charge et gouvernement de nos finances et commission avecque nos autres conseillers et officiers de bailler ou faire bailler en nostre païs de Languedoc nos fermes — et qu'il ne deust estre fermier, parcionnier ni compaignon de ceulx qui prenoient nosdites fermes. Néanmoins ledit Jacques Cœur, en baillant icelles nos fermes, avait été compaignon d'aucuns fermiers et parcionniers d'aucunes desdites fermes et mesmement des foires de Pezenas et de Montignac par plusieurs et diverses années, en quoi il avait eu de grands gaings a notre très grant perte et dommaige, car par ce qu'il était parcionnier desdites fermes il trouvait moiens et façons que nos dites fermes étaient baillées a moindres pris qu'elles ne valaient et en l'année 1441 combien que par nos commissaires et ledit Jacques Cœur ; aussi lesdites foires si eussent été affermées pour la somme de neuf mil cinq cent cinquante livres tournoys. — Néanmoins ledit Jacques Cœur qui fut parcionnier de ladite ferme donna à entendre à sesdits compaignons qu'elles avoient été affermées a douze mil livres tournoys et par son autorité et que sesdits compaignons ne lui osèrent contredire ; il les contraignit à luy tenir compte de ladicte ferme jusques a la dicte somme de douze mil livres tournoys et toutefois ledit Jacques Cœur n'en avait tenu compte à nostre receveur général que ladicte somme de neuf mil cinq cens cinquante livres tournoys, et par ce moien avoit prins et robé tant sur nous que sur sesdits compaignons la somme de deux mil quatre cens cinquante livres tournoys.

« Fust oultre plus ledit Jacques Cœur trouvé chargé par lesdictes informacions d'avoir faict mectre sans notre sceu et consentement en nostre dist païs de Languedoc, en oultre et par-dessus nos tailles, plusieurs grandes sommes de deniers et icelles fait lever et exiger de nos subjects et aussi avoir faict en nostre païs de Languedoc et sur nosdits subjets plusieurs commissions grandes et énormes exaccions, les unes par force de dons et d'intérêt, les aultres soubz ombre de pertes de finances tant sur nostre dit païs de Lan-

guedoc en général comme sur nos receveurs particuliers
dudit païs et aultres exaccions que l'on nomme vulgairement epices montans a grandes et excessives sommes de
deniers, et tellement que, par le moien desdites commissions et exaccions faites par ledit Jacques Cœur, nostre
païs de Languedoc estoit par commune renommée comme
du tout apauvry, désimé et vuide d'argent et de chevance,
et si avait ledit Jacques Cœur en oultre prins pertes de
finances sur nous, combien que alors il eust entre ses mains
grant somme de nos deniers et desquels nos deniers mesmes
souventes fois nous faisait prêt, comme l'on disait, néanmoins prenait sur nous pour ledit prest pertes de finances.
Et en oultre : combien que ledit Jacques Cœur, en recevant et recueillant nosdites finances en nostredit païs de
Languedoc ne print ni receust escus a présent aïant cours
que pour vingt neuf sols huit deniers, et que à ce pris, il a
receu grant somme montant a plus de deux a trois cens mil
pièces. Néanmoins ledit Jacques Cœur en nous tenant
comptes de nos dites finances nous avait baillés lesdits
escus pour vingt sept sols six deniers tournois et royaulx
pour la somme de trente sols tournois : en quoy il avait
eu grant gaing a la grant perte de nos dits subjects, desquels il les avait receus a moindre pris ou de nous a qui il
les baillait au plus hault pris.

« Fust aussi trouvé ledit Jacques Cœur chargé par lesdites informacions d'avoir fait en nostre dit païs de Languedoc et sur nos subjects d'iceluy plusieurs contrainctes
et violences, soubz ombre de l'auctorité qu'il se donnait de
par nous.

« *Pourquoy :* par l'advis et délibéracion desdits gens
de nostre grant conseil et aussi de nosdits commissaires,
eussions de rechief ordonné et appoinctié que ledit Jacques
Cœur par nosdits commissaires et députés serait de rechief
interrogé, tant sur le cas de la mort et empoisonnement de
ladite damoiselle Agnès comme aussi sur tous les aultres
cas contenus et déclarés esdites informacions et desquels
ou de la pluspart d'iceux a esté faicte mencion ci-dessus,
et ses confessions faictes sur iceux cas reddigés et mises
par escript, et ce fait, rapportées par devers nous pour en
appoincter et ordonner ce que serait de raison.

« Et depuis par nosdits commissaires ledit Jacques
Cœur eust de rechief été interrogé sur tous iceux cas bien au
long et ses confessions mises et reddigées par escript et

finalement apportées par devers nous au chastel de Chicey, avec toutes informacions et charges servans a la matière et en la présence de nous, de plusieurs seigneurs de nostre sang, de nosdits gens de notre grant Conseil, de nosdits commissaires et de plusieurs nos conseillers et officiers, tant de nostre Court de Parlement et autres, rapportées et visitées en grande et mense délibéracion pour savoir si : vueues lesdites informacions aussi et les confessions faictes par ledit Jacques Cœur, on devait procéder a sentence définitive absolutoire ou condempnatoire, ou a l'eslargisse- ment d'iceluy Jacques Cœur, ou si l'on devoit procéder plus avant a savoir la vérité des cas et crimes dont ledit Jacques Cœur estoit chargé et auxquels il n'avait souffi- samment répondu et par quelle voye.

« Et finalement, pas l'advis et délibéracion de tous les dessusdits eust esté par nous dict et appoinctié que : attendu lesdites informacions faictes à l'encontre dudit Jacques Cœur, les procès et confessions diceluy, la matière n'estait encores disposée pour procéder a sentence absolu- toire ou condempnatoire ni a l'eslargissement d'iceluy Jacques Cœur et eust été donné délay de deux mois audit Jacques Cœur pour monstrer et enseigner de plusieurs choses dont il s'estait chargé de montrer par sesdites confessions comme : des congiez qu'il se disait avoir de nostre Saint Père le Pape pour transporter harnais et habillemens de guerre auxdits Sarazins et mescreans, enne- mys de nous et de la foy chrestienne ; des remissions et abolicions qu'il se disait avoir de Nous touchant les fautes qu'il avait faictes et commises du faict de nosdites mon- noyes et aussi de la distribucion de plusieurs de nos finances et aultres choses plus a plain déclarés en sesdictes confessions, et que après ledit délay on parlerait derechief audit Jacques Cœur et serait interrogué plus avant sur lesdits cas et charges dont il avait est étrouvé chargé par lesdites informacions et auxquels il n'avait souffisamment répondu et que s'il ne monstrait et enseignait souffisamment dedans ledit délay desdites choses dont il s'estait chargé à montrer et aussi s'il ne disait la vérité sur ses dites charges l'on en saurait la vérité par sa bouche par voye extraordi- naire de question : ainsi que l'on verroit estre a faire par raison. Lequel délay de deux mois et encore ung autre délay par Nous prolongué audit Jacques Cœur pour mon- trer et enseigner des choses dessusdites passées et les pro-

ductions faictes de tout ce que en ceste partie l'archevêque
de Bourges fils dudit Jacques Cœur et autres ses gens et
serviteurs ont produit et voulu produire et mettre par
devers nosdits commissaires. Par notre ordonnance ait
iceluy Jacques Cœur esté amené dudit chastel de Maillé
en nostre chastel de Tours et illac derechief esté interrogé
par nosdits commissaires et aussi par autres nos officiers
et conseillers tant de nos cours de Parlement de Paris et de
Toulouse que autres, et parfait et parachevé son procès.
Et depuis pour le recouvremen de nos païs et duchié de
Guienne Nous ait convenu hastivement partir de notre
païs de Touraine. Pourquoy N'avons pu vacquer bonne-
ment à l'expédicion et jugement dudit procès et pour ceste
cause avons mandé venir par devers nous en nostre chastel
de Lusignan tous nosdits commissaires et apporter par
devers nous tous lesdits procès faicts es matière dudit
Jacques Cœur et ce que par ledit archevêque de Bourges et
autres gens et serviteurs d'iceluy Jacques Cœur a sa
justiffication et des charges avoir esté produit. Lesquels nos
commissaires soient venus par devers Nous et aient apporté
tous lesdits procès et aussi ce que pour la justifficacion et
descharge dudit Jacques Cœur avoit ainsi été produit par
devers eulx et ait été ledit Jacques Cœur amené de nostre
dit chastel de Tours en nostre chastel de Poitiers. Les
procès veus, visités et rapportés en nostre présence, en
nostre grant Conseil, où estoient aucuns seigneurs de nostre
sang, les gens de nostre grant Conseil, tous lesdits commissaires et plusieurs autre conseillers et officiers et autres
notables clercs que pour ce, avons assemblés en grant
nombre.

« Sçavoir faisons que : Veus lesdits procès et confessions dudit Jacques Cœur et tout ce que pour la justiffication
et descharge d'iceluy Jacques Cœur a esté produit par devers
nosdits commissaires, et vœu et considéré tout ce que fai-
soit a veoir et considerer et ceste partie, et en sur ce grande
et mense délibéracion de Conseil : Avons, par nostre arrêt
jugement et a droit, dict et déclaré, disons et déclarons.:

« Que ledit Jacques Cœur est encheu ès crimes de concussions et exaccions de nos finances et de nos païs et
subjects: de faulx, — de transports de grant quantité
d'argent aux Sarrazins, ennemys de la foy chrestienne et
de Nous, — de transports de billon, d'or et d'argent en
grand nombre hors nostre royaume, — de transgression

des ordonnances royaulx, de crime de lèze majesté et autres crimes et que par ce il a commis et forfait envers Nous, corps et biens.

« Toutefois pour aucuns services à Nous faicts par ledict Jacques Cœur et en contemplacion et faveur de nostre Saint Père le Pape qui nous a pour lui rescript et faict faire requeste et pour autres causes et considérations a ce nous mouvons :

« Nous avons remis et remettons audict Jacques Cœur la peine de mort et l'avons privé et le déclarons inhabille a toujours de tous offices royaulx et publicques et avons condempné et condempnons ledit Jacques Cœur à Nous faire amende honorable en la personne de Nostre procureur, nue tête, sans chapperon, a genouls, tenant en ses mains une torche ardant de dix livres de cire, en disant : que mauvaisement, indeuement et contre rayson il a envoyé et fait présenter harnoys et armes au Souldan ennemy de la foy chrestienne et de nous et aussi faict rendre aux Sarrazins ledit enfant et fait mener et transporter auxdits Sarrazins grant quantité d'argent blanc et aussi transporté et faict transporter grant quantité de billon, d'or et d'argent hors du royaume contre les ordonnances royaulx et qu'il a exigé, prins, recelé et retenu plusieurs grandes sommes de deniers, tant de nos deniers que sur nos païs et subjects, en grant desolacion et destruction de nos dits païs et subjects — en requérant de ce mercy et pardon a Dieu — a Nous et a justice.

« Et aussi Nous l'avons condempné et condempnons a racheter des mains des Sarrazins ledit enfant et à le faire ramener et rétablir en la ville de Montpellier où il fut prins, si faire se peut et si non a racheter un chrestien des mains desdits Sarrazins et à le faire amener audit lieu de Montpellier

« Et avons déclaré et déclarons ledit scellé et obligation de la somme de deux mil escus baillé par lesdits seigneurs de Canillac et de la Fayette nul et de nulle valeur — et faussement et mauvaisement avoir esté prins et exigé desdits seigneurs et Canillac et de la Fayette par ledit Jacques Cœur.

« Et en oultre avons *condempné* et *condempnons* iceluy Jacques Cœur à Nous rendre et restituer pour les sommes par luy recelées et retenues sur nous et aussi pour les sommes extorquées, prinses et exigées indeuement sur nos subjects, *en la somme de cent mil escus et en amende prouffi-table envers nous en la somme de trois cent mil escus et a tenir prison jusques a pleine satisfaction.*

« Et au surplus *avons déclaré et déclarons tous les biens dudit Jacques Cœur confisqués envers Nous — et avons iceluy Jacques Cœur banny et bannissons per.petuel-ment de ce royaume* réservé selon notre bon plaisir.

« Et au regard des poisons pour ce que le procès n'est pas en état de juger pour le présent. Nous n'en faisons a présent aucun jugement. Et pour cause.

« En tesmoing de ce : Nous avons fait mettre notre scel à ces présentes.

« Donné en nostre chastel de Lezignan, le vingt neuviesme jour de may, l'an de grâce 1453 et de nostre regne le trente et uniesme.

« CHARLES. »

« Et pour cause, disait cyniquement l'arrêt du Grand Conseil qui ne faisait pas mention du supplice de la torture subi par Jacques Cœur et des aveux ainsi obtenus.

« Et pour cause, disait encore plus cyniquemnt cet arrêt de justice souveraine qui ne statuait pas sur le chef principal d'empoisonnement et de mort d'Agnès Sorel. »

Cependant, par une contradiction singulière, le même jour, 29 mai 1453, à la même heure, dans le même prétoire, le même Grand Conseil rendait un autre arrêt portant la même signature : « Charles VII, roy de France », et le même sceau fleurdelysé. Cet arrêt déclarait : *fausse et « calomnieuse l'accusation d'empoisonnement et de mort « d'Agnès Sorel intentée contre Cœur par Jeanne de Ven-« dôme épouse de François de Montbéron, et condamnait « l'accusatrice à faire amende honorable à genoux, tête « nue, une pesante cire à la main, la condamnant en outre « à se tenir éloignée de plus de dix lieues de toute rési-« dence royale, écartant la peine de mort justement méritée « en raison du nom honorable et honoré qu'elle portait et « des bons offices et services rendus par son époux. »*

C'est dans ces conditions que fut condamné Jacques Cœur. Condamnation plus odieuse et plus injuste fut-elle

---

(1) Voir Archives : *Bibliothèque de la Ville de Roanne.*
Archives : *Château de St-Farjean.*

jamais prononcée ? Deni de justice fut-il plus manifeste ? Tribunal plus partial et plus criminel fut-il jamais constitué ?

Par la suite, au moment des tentatives de revision faites par les héritiers Cœur, nous verrons les avocats en Parlement choisis par ces derniers, écrire dans leur consultation préalable : « Le procès fut fait de place en place, de chas- « teau en chasteau, les témoins ne furent récolés ni « confrontés. Il y eut mutation de commissaires parmy « lesquels quoi qu'il s'y trouvat de notables gens, les uns « ont esté au commencement et les autres non et ceux qui « ont opiné n'on esté à faire le procès, ainsi ne peut qu'il « n'y ait eu des fautes au jugement. »

Quoi qu'il en soit, Jean Dauvet, le procureur général qui avait suivi les débats, dirigé partie de l'information et de la procédure et requis la condamnation, se transportait à Poitiers par devers Jacques Cœur et dans sa prison, le 2 juin 1453, en vertu des lettres de jussion données par le roi Charles VII la veille, pour lui notifier l'arrêt et lui faire commandement d'avoir à payer 400.000 escus d'or,, Jacques Cœur, assisté de ses fils, était complètement abattu et désespéré. Il écouta silencieux, puis déclara : « qu'il « lui estait impossible de païer une si grande somme et que « tous ses biens n'etoient point suffisans de la fournir a « beaucoup près. Qu'il devait encore 200.000 escus d'or « qu'il avait empruntés pour les affaires du Roy. C'est « pourquoi il priait le sieur Dauvet et M. de Danmartin « de remontrer au Roy son pauvre faict et lui supplier « qu'il lui plaise d'avoir pitié et compassion de lui et de « ses pauvres enfans. »

Les commissaires ayant à leur tête le chancelier de France, Guillaume Juvénal des Ursins, se transportèrent à leur tour, le 4 juin 1453, au château de Poitiers, pour lire et notifier à Jacques Cœur son arrêt de condamnation.

A leur arrivée au château, Pierre de Chaumont, abbé de Saint-Cyprien, et maistre Jean Triffault, vicaire général et officiel, députés par l'évêque de Poitiers. les attendaient et se présentèrent devant M. le chancelier et les autres seigneurs tous du Grand Conseil, assemblés en la Grande Salle. Ils requirent qu'on leur remit incontinent la personne de *Jacques Cœur comme clerc solu.*

A l'appui, ils déposèrent les lettres de tonsure retrouvées et certifiées. Il ne fut fait aucune réponse à leur demande et ils durent se retirer. Mais le lendemain s'estant derechief présentés pour avoir réponse définitive et satisfaction sur leur réquisitoire, ils furent empêchés par ordre des commissaires et du chancelier et par les huissiers appostés, d'entrer dans le prétoire qui estoit ouvert au public.

Contraints de rester dans la Grande Salle, ils furent rejoints en icelle par Hugues du Couzai, lieutenant général du sénéchal du Poitou et Hélie Tourrotte, lieutenant général du sénéchal de Saintonge, tous deux accompagnés du greffier du Grand Conseil et d'huissiers qui venaient leur demander leurs requestes et désirs pour les transmettre au Conseil, assurant toutefois que s'il s'agissait seulement du réquisitoire présenté la veille, ils avaient reçu l'ordre d'opposer un refus formel et définitif et de déclarer aux deux députés de l'évêque de Poiters que l'entrée et présentation au Conseil ne leur serait point accordée et encore bien qu'ils ne pourraient adresser la parole à aucun de Messeigneurs du Conseil.

Pierre de Chaumont et Jean Triffault protestèrent vivement contre cet abus de pouvoir et répliquèrent: « que le « réquisitoire par écri fait estoit juste et raisonnable puis- « qu'il s'agissait de rendre à l'Eglise comme subject « Jacques Cœur pour estre puni et corrigé selon l'exigence « des cas, crimes et maufaits par lui commis. Qu'ils signi- « fiaient aussi à leur tour qu'au cas que Messeigneurs du « Conseil voudraient procéder contre ledit Jacques Cœur « et le contraindre à faire amende honorable ou autre exé- « cution, de quoi pourroit estre infamé, ils en appelaient « et de faict en appellent au Roy leur souverain seigneur, « bien conseillé ou autre de qui il appartiendra. »

Ceci déclaré, ils prièrent ensuite Hugues du Couzai et Hélie Tourrotte, de notifier aux seigneurs du Conseil l'appel par eux faict et la cause pourquoy ils appelaient, de les supplier qu'il leur plust au moins de surseoir et de différer contre Jacques jusques à ce que ils eussent nouvelles et réponses du Roy vers lequel déjà l'évêque de Poitiers avait envoyé pour lui faire de très humbles remontrances.

Passant oultre aux appels, demandes et supplications, les chancelier et commissaires firent venir Jacques Cœur et luy firent lecture in extenso de son arrêt de condamnation.

Et fin juin 1453, au milieu du jour, Cœur fut amené

devant la principale entrée du Palais. Il était en chemise, la tête et les pieds nus.

Exposé durant un moment aux huées, aux injures et mêmes aux coups du populaire surexcité, il entendit derechief à genoux la lecture de son arrêt de condamnation, puis tenant en mains une cire du poids de dix livres, il dut faire amende honorable.

La justice du Roy Charles VII étant satisfaite, il fut reconduit dans sa prison.

En exécution de l'arrêt du Grand Conseil, rendu le 29 mai 1453 et le 1er juin suivant, M. Jean Dauvet, procureur général à la Chambre du Trésor Royal de Paris, régulièrement commis pour mettre cet arrêt à exécution, reçut pleins pouvoirs dudit Conseil « pour faire saisir et vendre, au profit du Roy, en observant toutes les formalités et solennités requises, tous les biens appartenant audit Jacques Cœur en quelques mains qu'ils puissent être.

Le procureur général commit à son tour Jean Bonhale, licencié en droits, pour l'exécution de l'arrêt.

Ce dernier transmit les pièces le 18 septembre 1453 à Jean Monteray, sergent royal à Saint-Haon-le-Châtel, avec ordre de procéder aux criées et subhastations de la moitié des terres et seigneuries de Roanne et de Saint Haon, d'une maison située au chateau de Saint-Haon et des terres et seigneuries de la Motte et de Boisy.

De ce requis, Jean Monteray procéda à cinq criées de ces seigneuries diverses, lesquelles eurent lieu à Roanne lès 21 septembre, 4 octobre, 2 novembre, 14 novembre et 6 décembre 1453, sans que personne y apparut et y mit une enchère.

Sur procès-verbal de carence dressé, les Conseillers de la Chambre du Trésor Royal réunis, le 10 février 1454, firent adresser une commission extraordinaire au sergent royal Monternay, de Saint-Haon, portant qu'il eut à faire visiter et certifier lesdites criées pour s'assurer si elles avaient été faites avec la régularité et la solennité usitées en pays de Roannais.

Le 18 mars suivant, sur ce, interrogés par le sergent qui écrivit leur réponse, les sieurs Jean Dupré, vicaire à Roanne, et Guichard Doyen, lieutenant de juge ordinaire de la justice commune de Roanne, attestent que les criées avaient eu lieu avec la régularité et la solennité réquise.

Ces seigneuries furent donc mises en adjudication par quatre criées faites *solennellement à Saint-Haon-le-Châtel*, les 22 septembre, 10 et 24 novembre et 15 décembre 1454. Il n'y eut pas non plus d'enchère. Par procès-verbal, daté de courant décembre, Antoine Fourgon, vicaire à Saint-Haon-le-Châtel, et Guichard Doyen, lieutenant de juge de Saint-Haon et de Boisy, certifièrent la régularité et la solennité desdites criées.

On tenta finalement l'adjudication à Saint-Romain. Cinq criées desdites seigneuries furent faites en ce lieu les 24 septembre, 4 novembre, 2 et 16 décembre, sans attirer les enchérisseurs. Procès-verbal de carence dut être dressé. Et le 18 mars suivant, le châtelain juge de Saint-Romain en certifiait les régularités et solennités.

Toutefois ces criées et adjudications sensationnelles avaient suscité des oppositions portées devant la Chambre du Trésor Royal et les défenses régulières avaient été déposées par les deux fils de Jacques Cœur : Henri Cœur, archevêque de Bourges et Geoffroy Cœur (leur père restant prisonnier et condamné, mort civil au château de Beaucaire), par les anciens propriétaires des seigneuries confisquées et mises sous main royale qui espéraient rentrer en possession ; Jean de Lévis, seigneur de Couzan, et dame Alix de Couzan, épouse de messire Eustache de Lévis, chevalier ; par enfin un certain nombre de bourgeois et petits propriétaires ayant cédé leurs droits, possessions et titres à Jacques Cœur durant les années ayant couru de 1447 à 1452.

D'ordre royal il fut statué sur toutes ces oppositions par différentes sentences rendues par la Chambre du Trésor Royal avec une rapidité déconcertante. Tous ces opposants furent déboutés de leurs prétentions. Seuls les hértiers de Cœur obtinrent reste de droit sur le point le moins important de leur revendication.

Le 29 mai 1455, les conseillers du Roy sur le fait de justice, réunis en la Chambre du Trésor à Paris, rendent la sentence suivante : « Entre : le Procureur Général en ladite Chambre, demandeur. et : messire Henry Cœur, chancelier de l'église de Bourges, et Geoffroy Cœur, son frère, tous deux enfants de Jacques Cœur, défendeurs et opposants aux criées et adjudications des seigneuries saisies au préjudice de leur père.

« *Sur ce que :* les opposants soutenaient que Jacques

Cœur leur père, après avoir épousé Macée de Léodepart leur mère, selon la coutume du Berry, avait acquis du vivant d'icelle plusieurs terres et seigneuries ; que suivant la coutume de ladite province, les biens, meubles et immeubles acquis pendant la vie des conjoints étaient communs entre eux ; qu'ainsi lesdits défendeurs, comme héritiers de feue leur mère, étaient fondés à s'opposer aux dites criées et adjudications et à demander la distraction de la moitié de tous les biens saisis sur leur père, ainsi que la totalité des biens dotaux de leur mère.

« *De plus que :* quand même leur père aurait été déclaré et convaincu du crime de lèse-majesté par arrêt, cet arrêt serait nul pour plusieurs raisons :

« 1° Parce que leur père n'avait rien fait pour qu'on dût le déclarer criminel de lèse-majesté ;

« 2° Parce que leur père n'avait point été ouï à proposer ses défenses quoiqu'il l'eût requis plusieurs fois, puisqu'il avait toujours été tenu prisonnier si étroitement que personne n'avait pu lui parler et qu'on n'avait pas voulu lui permettre d'avoir un Conseil, ni qu'il fut ouï en justice, et que ledit arrêt avait été donné en son absence.

« Et quand même cet arrêt aurait été donné selon le droit il serait nul, en ce que leur père comme natif et comme habitant de la ville de Bourges, jouissait des privilèges de ladite ville, qui sont : qu'un bourgeois de Bourges ne peut voir confisquer ses biens pour quelque crime que ce soit. Et que, s'il avait été rendu quelque arrêt contre leur père ce n'avait pu être qu'après le décès de leur mère et que dès l'heure du décès de cette dernière la moitié de tous les meubles et immeubles acquis par lesdits père et mère, leur était dévolu en qualité d'héritiers, ainsi que les droit dotaux de leur mère, de manière que tous ces objets ne pouvaient être compris dans la confiscation.

A ces moyens, le Procureur Général répondit « que touchant les droits dotaux de leur mère Macée de Léodepart, les défendeurs n'en ayant fait aucune déclaration, on ne devait pas avoir égard à leur demande en distraction ; que touchant les biens immeubles acquis par leur père et mère dont les défendeurs requéraient la moitié, ils avaient été déclarés confisqués au profit du Roy par l'arrêt prononcé contre leur père pour crime de lèse-majesté et qu'en fait de crime de lèse-majesé et même de tout autre crime, le mari forfait meubles et conquêts puisqu'il en est le maître pendant sa vie, qu'ainsi Jacques Cœur avait eu tout confisqué.

« D'ailleurs que les défendeurs n'étaient point recevables à objecter que l'arrêt de condamnation n'ayant été rendu qu'après le décès de leur mère, les biens de cette dernière leur étaient dévolus en qualité d'héritiers, parce que en crime de lèse-majesté on ne devait pas avoir égard au temps de l'arrêt seulement, mais au temps du crime commis, qu'ainsi le crime ayant été commis par leur père du vivant de leur mère les biens étaient censés confisqués à cette époque. »

Après délibéré, sentence fut rendue par laquelle il est prononcé :

« 1° Que les articles insérés dans les moyens d'opposition desdits défendeurs tendant à la nullité de l'arrêt et des condamnations prononcées par le Roy en son Conseil contre Jacques Cœur leur père, par lesquelles il aurait été déclaré *criminel de lèse-majesté, sont rejetées comme attentatoires à l'autorité et à la Majesté du Roy.*

« Fait défences ausdits défendeurs et à tous aultres de tenir propos à l'avenir sous peine d'amende arbitraire.

« Déboute lesdits défendeurs *de moyens d'opposition touchant les conquêts faits par ledit Jacques Cœur,* lesquels sont rendus, adjugés et délivrés au plus offrant et dernier enchérisseur.

« Statuant, en ce qui *concerne les biens propres* qui ont appartenu à ladite Macée de Léodepart leur mère, pendant sa vie, si aucuns il y a et qui ont été compris dans lesdites criées et adjudications, ils seront purement *et simplement distraits au profit desdits défendeurs.* »

Le même jour 23 mai 1455, les conseillers en ladite Chambre du Trésor rendaient également les deux sentences suivantes. La première, entre le Procureur Général, demandeur, et Jean de Lévis de Couzan, écuyer, défendeur et opposant aux criées et adjudications desdites seigneuries confisquées au préjudice de Jacques Cœur.

« *Sur ce que,* soutenait ce dernier, *par le contrat de mariage passé* entre : messire Eustache de Lévis, chevalier, seigneur de Villeneuve et dame Alix de Couzan son épouse, ses père et mère, *il avait été stipulé expressément que les terres et seigneuries de Couzan, de la Motte, de Boisy, et la moitié des terres et seigneuries de Roanne et de Saint-*

Haon appartiendraient au fils aîné desdits seigneur et dame de Couzan et qu'il en serait seigneur après le décès de ladite dame Alix. Que lui, défendeur, étant le fils aîné issu de ce mariage, les seigneuries de la Motte, Boisy, Roanne et Saint-Haon devaient lui être restituées parce que ses père et mère n'avaient pu les vendre à son préjudice ; qu'ainsi la vente qu'ils en avaient faite audict Jacques Cœur devait être déclarée nulle. »

Ledit Procureur Général répondit : « Que la clause du contrat de mariage alléguée par le défendeur ne pouvait lui être d'aucune utilité en ce qu'il ne produisait pas le titre. Que d'ailleurs lorsqu'il échoit au Roy des héritages par confiscation et même pour crime de lèse-majesté, il n'était pas tenu de payer les charges et hypohèques desdits héritages, à moins qu'elles ne fassent ensaisinnées et inféodées ce dont ledit défendeur ne faisait pas apparat. »

Après délibéré, il est prononcé: « Qu'il ne sera fait aucune distraction en faveur dudit Jean de Lévis de Couzan, défendeur desdits héritages criés, mais qu'ils seront adjugés au plus offrant et dernier enchérisseur, nonobstant son opposition de laquelle il est purement et simplement débouté. »

La seconde, Entre : Le Procureur général, demandeur ; Et : Dame Alix de Couzan, épouse de Messire Eustache de Lévis, chevalier, seigneur de Couzan, défenderesse et opposante auxdites criées et adjudications desdites seigneuries.

« *Sur ce que :* ladite dame soutenait que lesdites seigneuries de la Motte, Boisy, Roanne et St-Haon lui avaient appartenu comme de son propre héritage, provenant des successions de ses prédécesseurs ; que lorsque le seigneur de Couzan, son mari, proposa audit Jacques Cœur de lui rendre lesdites seigneuries au prix de huit mille réaux (valant 12.000 livres tournois). Il ne l'avait proposé que sous la condition de pouvoir les racheter dans l'espace d'un an, en cédant audict Cœur à la place desdites seigneuries : *la seigneurie de Lers située près d'Avignon ;* ce que Cœur avait accepté et promis d'insérer dans le contrat de vente. Mais au moment de passer ce contrat, Cœur sachant que le sieur de Couzan avait de grands besoins d'argent refusa d'insérer la condition du rachat dans le contrat et se contenta de la promettre verbalement. Qu'alors, ledit seigneur de Couzan força ladite dame son épouse à lui donner procuration pour passer cette vente : ce qu'elle ne fit que par rapport aux menaces de son mari protestant devant plusieurs personnes qu'elle ne consentait à cette vente que sous la faculté du rachat et qu'au temps de l'emprisonnement de Jacques Cœur lesdits seigneur et dame n'avaient pu trouver le moyen de traiter avec lui pour rentrer en possession desdites seigneuries. »

En conséquence, ladite dame concluait à la *nullité de cette vente* comme ayant été faite *par abus, force et contrainte ;* que si l'on *passait aux adjudications* desdites seigneuries ce devait être seulement au profit et bénéfice de ladite dame en remboursant par elle les huit mille réaux qu'elle avait reçus de Cœur, avec d'autant plus de raison et droit que par cette vente elle avait été lésée d'autre moitié du juste prix de ces seigneuries qui, à cette époque *valaient dix-huit mille réaux.*

Le Procureur général répondit que les allégations que soumettait la défenderesse pour moyens d'opposition comme la force et la contrainte dans la passation du contrat de vente desdites seigneuries, ainsi que la faculté qu'elle disait avoir réservée de les racheter n'étaient pas recevables en ce qu'elle n'en faisait point apparaître la preuve ; qu'elle ne pouvait tout au plus avoir son recours contre Cœur.

De plus que : quand même les promesses que Cœur lui aurait faites seraient évidentes et emporteraient hypothèque, cela ne pourrait empêcher que les dites seigneuries ne fussent vendues au plus offrant et dernier enchérisseur car de droit toutes hypothèques se perdent lorsqu'il échoit au Roy quelques biens ensuite de confiscation et surtout pour crime de Lèse-Majesté. Qu'enfin, le Roy n'était jamais tenu de payer les charges et hypothèques à moins qu'elles ne fussent ensaisinnées et inféodées.

Le Conseil en ayant délibéré prononce que l'adjudication desdits héritages criés sera faite au plus offrant et dernier enchérisseur nonobstant l'opposition de ladite dame de Couzan, défenderesse, le tout sans préjudicier en rien aux droits et actions qu'elle peut avoir contre celui ou ceux qu'il appartiendra.

Ces oppositions rejetées, les Conseillers de la Chambre du Trésor rendirent, du 24 mai 1455 jusqu'au 26 novembre 1455, neuf sentences basées sur les mêmes motifs, contre les divers particuliers qui s'étaient aussi portés opposants aux criées et adjudications des biens dudit Jacques Cœur. Ces sentences identiques déboutent purement et simplement les opposants de leurs moyens, fins et conclusions et les condamnent en tous les dépens.

Henry et Geoffroy Cœur interjetèrent appel au Parlement de Paris de la sentence inique rendue contre eux par les Conseillers de la Chambre du Trésor Royal.

Cet appel fut jugé dangereux. De tous temps le Parlement s'était déclaré indépendant et il était à prévoir qu'il ne se souciait pas d'enteriner un arrêt aussi peu juridique et aussi inique. Il fallait éviter sa juridiction à toute force.

C'est alors que le Procureur Général de la Chambre du Trésor, Jean Dauvet, demanda et obtint. le 14 juillet 1455, commission du Grand Conseil du Roy étant alors avec lui le Roy ou Bon Sire aimé, aux fins d'assigner Henry et Geoffroy Cœur devant ladite Chambre pour déposer ses moyens d'appel. Cette commission fut signifiée par ministère d'huissier le troisième jour d'octobre suivant. Il fallait à tout prix éviter le contrôle du Parlement et paralyser son action.

Le Parlement ne réclamant pas la cause qu'il aurait dû d'office évoquer, Henry et Geoffroy Cœur durent comparaître devant la Chambre du Trésor Royal et demandant d'être renvoyés au Parlement où ils en avaient appelé.

Le 28 octobre 1455, le Procureur général requit donc défaut contre eux et obtint par les motifs qu'ils n'avaient point voulu procéder au Conseil et refusé de donner des conclusions.

Le même jour, le Procureur général obtint également une commission du Grand Conseil pour réassigner Henry et Geoffroy Cœur aux fins de voir adjuger en sa faveur le profit de ce défaut. Cette commission leur fut signifiée avec extrême diligence le lendemain 23 octobre.

Une fois de plus Henry et Geoffroy Cœur interjetèrent appel au Parlement sur ce jugement profit joint.

Le samedi suivant 25 octobre 1455, Henry Cœur comparut en personne au Grand Conseil, accompagné de Jean Chastaing, fondé de pouvoirs de Geoffroy Cœur. Le Procureur général les ayant requis de conclure au procès sinon qu'il allait demander contre eux un second défaut profit joint. Ils répondirent :

1° Qu'ils étaient déjà appelants au Parlement où ils avaient déjà requis être renvoyés ;

2° Qu'ils requéraient encore ce renvoi juste et fondé et qu'ils n'entendaient aucunement procéder devant le Grand Conseil qui ne pouvait plus avoir compétence.

Ils présentèrent alors au Grand Conseil les deux notaires Jean Alabat et Pierre Dubost qui, tenant ès-mains l'appel régulier interjeté au Parlement, furent interrogés par le Conseil au sujet de leur présentation. Ces deux officiers de justice déférant à l'interrogatoire déclarèrent avoir été amendés pour donner et garder acte du réquisitoire des appelants et de la réponse qui serait faite par le Conseil.

Cette attitude fut déclarée attentatoire de l'autorité du Roy : car il n'était pas et ne pouvait pas être permis d'appeler de son Grand Conseil au Parlement.

En conséquence, le Grand Conseil donna ordre au Procureur général de la Chambre du Trésor, acte des déclarations faites et prononça second défaut contre les appelants avec tel profit que de raison.

En outre, ordonna que Henry Cœur, Jean Chastaing, Jean Alabat et Pierre Dubost, en raison et cause de l'offense par eux volontairement commise seraient appréhendés et constitués prisonniers en la grosse Tour de Bourges, tous droits et moyens étant réservés au Procureur général du Conseil pour prendre ses conclusions contre eux en raison de cette très grave affaire.

Le 27 octobre, le Grand Conseil, le Procureur Général ayant été entendu en ses conclusions et réquisition, rendit un arrêt définitif adjugeant tel profit de défaut que de raison au Procureur général de la Chambre du Trésor contre lesdits Henry et Geoffroy Cœur, disant que les appelants sont déchus de leur cause d'appel ; qu'il avait été bien jugé par les conseillers du Trésor et mal appelé par les appelants ; que la sentence dont il avait été sans raison appelé, serait mise à exécution selon sa forme et teneur.

Et statuant sur l'offense grave commise par Henry Cœur, Jean Chastain, Jean Alabat et Pierre Dubost dit : que les *appelants tortionnairement* et *au mépris du Roy et de son Conseil* ont appelé dudit Conseil ; que cette appellation n'est pas recevable et qu'ils n'ont pu la faire valablemnt. Pour réparation, condamne Henry Cœur comme partie principale en trente livres d'amende, Jean Chastain en vingt livres, et, en ce qui concerne Jean Alabat et Pierre Dubost, dit que la prison préventive soufferte par eux suffirait pour leur amende encourue. Puis le 4 novembre 1455, le Procureur général en la Chambre du Trésor, obtint une nouvelle commission du Grand Conseil pour assigner Henry et Geoffroy Cœur pardevant les Conseillers de ladite Chambre du Trésor pour faire déclarer si dans les biens criés et subhastés de Jacques Cœur étaient compris les biens propres de Macée de Léodepart, sa feue femme : pour en ce cas les déclarer non incorporés et en ordonner la distraction au profit et en faveur desdits Henry et Geoffroy Cœur, ses enfants.

Cette commission fut signifiée par huissier le lendemain et le 7 du mois de novembre Henry et Geoffroy Cœur passèrent procuration à Guillaume de Besançon pour faire la déclaration desdits biens.

Le 2 décembre 1455, Guillaume Besançon, procureur de Henry et Geoffroy Cœur, fit la distraction des biens criés et subhastés de Jacques Cœur d'avec les biens propres de Macée de Léodepart lesquels consistaient : 1° En une rente et une maison, toutes deux situées en la ville de Bourges ; 2° En un domaine situé en la paroisse de Bussy.

Dès lors, ce fut la curée : Chacun des juges s'octroya sa part et portion des biens du malheureux argentier qu'ils avaient injustement condamné. Le 5 décembre 1455, en effet, les criées et adjudication des terres et seigneuries de la Motte et de Boisy, d'une maison forte à Saint-Haon, de la moitié des seigneuries de Roanne et de Saint-Haon furent tranchées par lesdits Conseillers en la Chambre du Trésor Royal en faveur de Messire Guillaume Gouffier, premier chambellan du Roy, plus offrant et dernier enchérisseur moyennant la somme de dix mille écus d'or à payer au Trésor, pour en jouir par lui héréditairement et à perpétuité.

La cupidité de Guillaume Gouffier n'avait pu attendre ce dernier arrêt qui dépossédait définitivement sa victime. Déjà le 20 janvier 1454, avant même la solution du procès dont il était sûr, n'osant agir directement, il avait passé procuration à Ytier de Puygirand, notaire royal, pour en son nom et place porter enchère sur les dites seigneuries de Boisy et de la Motte et sur la moitié des seigneuries de Roanne et de St-Haon, de dix mille écus d'or, cette enchère étant faite et enregistrée pardevant la Chambre du Trésor Royal à Paris.

L'arrêt rendu le 5 décembre 1455 par cette Chambre

n'était donc autre chose que la confirmation de cette enchère déjà faite et acceptée.

Les autres conseillers juges : *ces vautours de la Cour, comme les appelle La Thaumassière,* ne restaient pas en retard. Antoine de Chabannes se faisait confirmer la propriété de la seigneurie de St-Fargeau et des baronnies de Toucy et des Perreuses en pays de Puisaye avec leurs appartenances et dépendances dont il était déjà en possession (1). La terre de Moreton-Salon en Berry était dévolue à Antoinette de Maignelaie, dame de Villequier, qui l'avait gagnée par ses fourberies, ses intrigues et ses calomnies. Danmartin, de Canillac et de la Fayette obtenaient sans bourse délier, remise de leur dette envers Jacques Cœur, soit chacun de deux mille écus d'or sans parler d'autres avantages. Antoine d'Aubusson, Otto Castellani, Georges de la Trémoille obtinrent remise gratuite de pareille somme et chacun des juges eut pour prix de sa lâcheté une part dans les dépouilles   .

Peut-être pareilles ignominies et pareilles forfaitures eussent-elles soulevé l'indignation de tous ? Mais les temps étaient trop troublés, le pays de France souffrait encore de l'occupation anglaise et des ravages des bandes pillardes ; d'autre part, la chute du grand Empire d'Orient et la prise de Constantinople retenaient l'attention de tous.

La sentence passa pour ainsi dire inaperçue. Ruiné, condamné, déshonoré et prisonnier, Jacques Cœur était mort civilement : il n'existait plus en France.

Si l'on visite à Bourges le magnifique Hôtel de la Chaussée, on remarque au-dessus de la porte, non seulement le bas-relief figurant les trois arbres : le pin, l'oranger et le palmier entremêlés de plantes fleuries et présentant les mots gravés sur la pierre : Dire, Faire, Taire, c'est-à-dire tout le programme auquel Jacques Cœur a été fidèle, mais encore une singulière sculpture.

Revêtu de son costume traditionnel, le grand argentier de France est représenté monté sur un mulet ferré à rebours. Que penser de cette anomalie et pourquoi Jacques Cœur voulut-il qu'elle fut placée à l'entrée de sa maison ?

---

(1) Au cours de l'année 1454, Antoine de Chabannes avait acquis en la Chambre du Trésor à Paris ensuite de criées, toutes ces seigneuries moyennant une grosse somme d'argent, dit le texte.

D'aucuns ont cru devoir avancer et soutenir que cette particularité se rapportait à l'évasion de Jacques Cœur et au moyen de salut fort habilement employé, grâce auquel les traces du fugitif ne purent être retrouvées. Certes, cette explication est fort élégante et ingénieuse. Mais, laissons de côté cette part de l'imaginaion : car il faudrait supposer ou bien que Jacques Cœur était prescient de sa destinée, ou bien que cette sculpture ait été placée postérieurement à l'évasion du château de Beaucaire, ce qui est inadmissible puisque déjà les biens de l'argentier étaient passés dans les mains du Roy. Ne cherchons donc pas la clef de l'énigme. En réalité, au mois de janvier 1455, Jacques Cœur était encore prisonnier au château de Beaucaire. Avec la complicité du fidèle Jean de Village qui ne l'abandonnera plus, et de deux de ses anciens facteurs, Guillaume Gymaut et Gaillaudet, il put s'évader et gagner rapidement la Tour de Bouc où il prit la mer sur une de ses galères. Ayant touché successivement Marseille et Pise il se rendit à Rome et se présenta devant le pape Nicolas V auprès duquel il était déjà venu, durant l'année 1448, en qualité d'ambassadeur de France. Les temps étaient changés : néanmoins le pape l'accueillit avec la plus grande bonté et l'admit au Palais.

Nicolas V, déjà vieilli, ne pouvait se consoler de la prise de Constantinople par Mahomet et de la chute de l'Empire d'Orient. Il prévoyait encore de plus grands revers pour la foi chrétienne. Sur les conseils de Jacques Cœur, toujours entreprenant, il décida d'envoyer en sa qualité de chef. de l'Eglise catholique et de chef de l'Etat romain, des légats dans les diverses Cours d'Europe pour appeler aux armes tous les princes chrétiens et entreprendre une nouvelle et dernière croisade.

Seul de tous les souverains pressentis, le duc de Bourgogne offrit au Saint Père quatre galères équipées et armées. Nicolas V se vit dans la nécessité de renoncer à son projet et mourut de chagrin. Ce fut son successeur Calixte III qui, sur les fonds du Trésor pontifical fit prélever deux cent mille écus d'or et armer une flotte de seize galères. Jacques Cœur fut investi du commandement en chef et partit avec ses vaisseaux pour la mer Egée. Successivement, il fut toucher Rhodes, Leshos, Lemnos, Thases et enfin Chio .

C'est dans cette île qu'il fut débarqué mourant pendant les premiers jours de novembre 1456.

ÉPILOGUE

La nouvelle de la mort de Jacques Cœur parvint en France au début de l'année 1457. Ses enfants firent alors une nouvelle demande auprès du Roy qui reçut requête de l'archevêque de Bourges et de ses frères ainsi que de Guillaume de Varic, le principal des facteurs de Jacques Cœur déjà annobli, et dont les biens avaient été confisqués et mis en la main du Roy.

En souvenir des services rendus par son argentier et en repentir de sa conduite, Charles VII rendit, le 5 août 1457, à Courceilles près Souvigny, les lettres patentes suivantes qui étaient un legs en réparation des injustices commises :

« Désirant pourvoir auxdits enfants et aussi audit Guil-
« laume de Varic afin qu'ils puissent mieux et plus hono-
« rablement vivre et trouver leur provision en mariage ou
« autrement, quitte et transporte à Renaud et Geoffroy Cœur
« et à leurs successeurs et ayant cause : les maisons de
« Bourges qui appartenaient à Jacques Cœur leur père,
« ensemble toutes les autres maisons, places, jardins et
« rentes assises en ladite ville de Bourges, terres, près et
« héritages assis à l'entour et généralement au pays de
« Berry qui n'ont été adjugés par décret à ceux qui les ont
« mis à prix ; deux grandes maisons situées à Lyon, les
« mines d'argent, plomb et cuivre de la montagne de Pom-
« palieu et de Cosne, et le droit que le Roy avait des mines

« de Chessière, St-Pierre-la-Palud et de Rose-sur-Tarare,
« sans aucune chose réserver en icelles.

« Item : avecque et outre les choses dessus dites, le
« Roy donne par ces présentes auxdits Renaud et Geof-
« froy Cœur et à Guillaume de Varie ; c'est à savoir, à cha-
« cun par tiers : toutes les dettes, actions et biens meubles
« qui appartenaient à feu Jacques Cœur tant par lettres
« et cédules que par les papiers et autres enseignements
« qui furent dudit Cœur, quelque part que soient lesdites
« dettes et biens tant dans le royame que dehors qui ne
« sont venues au profit du Roy ou au profit de ceux en
« faveur desquels il en avait disposé et veut le Roy que
« lesdits Renaud et Geoffroy Cœur et de Varic en puissent
« faire action, demande et poursuite et qu'ils soient à ce
« faire reçus en jugement et débas comme eussent esté
« lesdits Jacques Cœur et Guillaume de Varic avant la pro-
« nonciation de l'arrêt. »   .

Toutefois le Roy se réservait pour en ordonner à son
plaisir les sommes de deniers que Jacques Cœur avait prê-
tées à différentes personnes dont les noms sont spécifiés
dans une longue liste de gens de tout état à la tête desquels
était le comte de Foix pour 2.985 écus d'or. Dans cette liste
très longue on peut lire les noms d'évêques, de maréchaux
de France, de chambellans du Roy, d'échansons et de scré-
taires du Roy, de maîtres des requêtes et des lavandières.
Jacques Cœur, dont la générosité égalait la richesse, avait
obligé tout le monde.

Mais le Roy, en donnant par une grâce spéciale et une
pure libéralité, aux enfants de Jacques Cœur, qu'il regarde
toujours dans cet acte comme justement condamné, déclare
en même temps qu'il entend :

« Que l'archevêque de Bourges (c'est-à-dire Jean Cœur),
« Maistre Henry Cœur (d'abord chancelier de l'église de
« Bourges), Renaud et Geoffroy Cœur ses fils, Perrette
« Cœur, femme de Jacques Trousseau, sa fille ; aussi bien
« que Guillaume de Varic, renonceront à tous les biens qui
« furent dudit Cœur et ne pourront jamais aucune chose
« demander au Roy ni à autres pour raisons des biens
« dudit feu Jacques Cœur et dudit Guillaume de Varic,
« prises de par lui, soit à cause de la succession de la
« femme dudit feu Jacques Cœur, mère desdits enfans, ni
« autrement en quelque manière que ce soit. »

En conséquence de ces lettres patentes du Roy, Jean

Cœur, archevêque de Bourges ; Henri Cœur, alors doyen de
l'église de Limoges ; Renaud et Geoffroy Cœur, ainsi que
Guillaume de Varic donnèrent leurs lettres de renonciation
à tous les biens qu'ils pouvaient répéter encore et les présentèrent eux-mêmes aux gens des comptes et trésoriers de
France.

Ces derniers, par lettres enregistrées en date du trois
octobre 1453, ordonnèrent à tous les officiers et justiciers
du Roy de laisser jouir desdites cessions pasiblement et
publiquement Renaud et Geoffroy Cœur ainsi que Guillaume
de Varic.

C'était une première étape dans la voie de la révision.

Or, le 23 juillet 1461, Charles VII mourut. délaissé des
siens et dégoûté de sa propre vie. Il laissait le trône de
France à son fils qui avait alors 38 ans et résidait au château de Genappe en Hainaut, dans les Etats du Duc de
Bourgogne. Louis XI n'avait ni les mêmes idées ni les
mêmes favoris que son père. Antoine de Chabannes, tout
puissant jusqu'alors, tombait en disgrâce, et les enfants de
Jacques Cœur jugèrent l'occasion favorable pour « revenir »
contre un arrêt donné par le feu Roy.

Jean Cœur, l'archevêque de Bourges, rédigea un mé-
moire qu'il fit envoyer à sept avocats au Parlement de
Paris : Fradet, La Reaulté, Luillier, Simon, Fournier, Le
Maire et Besançon.

Tous les sept furent d'accord qu'il y avait dans le procès
injustice et iniquité manifeste ; que la revision s'imposait
et serait prononcée. Mais leur désaccord fut complet sur la
procédure à suivre et la manière de revenir contre l'arrêt.

Fradet, nommé rapporteur, émit l'avis que les enfants
Cœur n'arriveraient à faire rétracter l'arrêt du Grand Conseil du Roy en relevant les applications déjà interjetées par
Jacques Cœur lui-même. Etant donné : que la sentence
avait été donnée par le Roy lui même par forme d'arrêt *a
quo non appellatur ;*

Qu'on devait, en conséquence, venir par supplication et
par proposition d'erreur ; que du reste, cette voie était bien
plus rapide puisque le procès serait jugé *ex eisdem actis.*
Si au contraire on procédait par la voie du relèvement des
appellations déjà faites, il faudrait recommencer les enquê-
tes et cette procédure serait interminable.

La Réaulté partageait l'opinion de Fradet. Faire venir
le procès devant le Parlement était dangereux. La plupart

des notables conseillers et plus influents avaient gardé si
grande et bonne opinion du feu Roy que jamais ils ne voudraient restreindre ou rétracter une sentence rendue par
lui ; que du reste le procès avait été conduit par des gens
de grande autorité, en grand nombre et après mûre délibération. Il conseillait donc comme Fradet que les enfants
Cœur réusissent par forme de grâce telle qu'il plairait au
Roy leur faire, pour la restitution des biens de leur père.

Simon ne fut point de l'avis des deux premiers opinants.
Il conclut : « Qu'on ne devait revenir par le moyen de
« relever les deux appellations interjetées par Jacques
« Cœur, lesquelles ses dits enfants relèveraient comme
« héritiers au nom de leur feu père ; qu'ils relèveraient
« également les appellations qu'ils avaient eux-mêmes
« interjeté après la mort de leur père et *seraient relevés du*
« *laps de temps et de la renonciation,* si aucun en avaient
« faite du temps du feu Roy et impetreraient encore un exa-
« men à futur pour faire examiner témoins vieux et valitu-
« dinaire et par autres lettres pendant le procès serait
« mandé à la Cour que ledit examen fut joint audict procès
« pour y avoir tel égard que de raison. »

Cet avis fut partagé par Luillier, Fournier, Le Maire et
Besançon. La procédure indiquée allait commencer quand,
le 20 avril 1463, Antoine de Chabannes fut condamné au
bannissement et ses biens furent confisqués et mis sous main
du Roy.

Geoffroy Cœur, qui avait été nommé valet de chambre
de Louis XI en profita pour demander au Roy la remise en
possession de ses biens. Il agissait seul, car son frère Renaud
était mort sans postérité et ses frères Jean et Henry, étant
ecclésiastiques lui avaient déjà fait cession de tous leurs
droits.

Le 29 décembre 1461, les héritiers Cœur obtinrent du
Grand Conseil des lettres qui les relevèrent du laps de temps
et leur permirent de poursuivre l'appel de leur père et de
faire entendre tous témoins utiles. En même temps, Geoffroy Cœur s'était transporté en païs de Puisaye et s'était
mis en possession de tous les châteaux, forteresses, seigneuries, terres et meubles d'Antoine de Chabannes.

Les 8 janvier, 12 et 18 février 1462, des exploits d'assi-
gnation à comparaître en la Cour du Parlement furent
données aux commissaires enquêteurs. Sur ces assigna-
tions, le 4 mars 1462, le Roy donna des lettres de jussion

à sa Cour de Parlement pour qu'elle eut à recevoir les héritiers Cœur suppliants et appelants de l'arrêt rendu en Grand Conseil par le Roy Charles VII.

Guillaume Gouffier fit alors déposer des écritures par ses avocats pour voir dire par le Parlement que, dans le cas où par impossible, les héritiers Cœur réussissaient dans leur appel, cette réussite ne pourrait en rien préjudicier à ses droits judiciairement établis.

Le procès s'ouvrit à huis clos au Parlment, le 20 mai 1462. M° Haslé, avocat des héritiers Cœur, appelants, fit l'historique du procès, s'étendit en louanges sur Jacques Cœur, démontra son innocence et put établir la nullité de la procédure. M. de Ganay, avocat parlant pour le Procureur du Roy soutint l'importance de la matière et la non-recevabilité des appels. Le procès ayant été fait par des commissaires délégués de Sa Majesté, qui par « l'advis « d'aucuns de son sang, de tout son Grand Conseil, avaient « donné leur jugement, dont Jacques Cœur lui-même n'a-« vait point appelé, acceptant la sentence, que au contraire « le jugement avait reçu exécution, sur quoi et par plu-« sieurs autres moyens il établit les fins de non recevoir. »

M. Haslé fit longue réplique : « Il y eut alors appointe-« ment à mettre devers la Cour le procès et tout ce que les « parties voudraient et au Conseil. Le quatre juin suivant « il y eut le même appointement sur les lettres des appe-« lants qui furent jointes au procès principal. » Le Parlement ne voulut pas se prononcer au fond sur les appellations ni sur les lettres obtenues de Louis XI.

Antoine de Chabannes s'était sauvé de la Bastille et, en 1465, alla rejoindre les princes révoltés dans la Ligue du Bien public. Du Bourbonnais, il s'avança sur St-Fargeau, fit prisonnier Geoffroy Cœur et se remit en possession de ses biens.

Lors de la paix, il fut rétabli dans cette possession : c'était une des conditions du traité. Geoffroy Cœur tenta de nouvelles démarches mais inutilement et les choses restèrent en l'état même après la mort de Jean Cœur, archevêque de Bourges, survenue le 29 juin 1482.

Louis XI décédait à son tour, dans la paix du Seigneur, disent les vieux auteurs, le 30 août 1483, 'disant avec angoisse : Notre-Dame d'Embrun, ma bonne maîtresse, ayez pitié de moi ! Misericordias Domini in œternum cantabo. Peut-être avait-il beaucoup à se faire pardonner ?

Charles VIII, jeune et généreux, prenait le pouvoir royal. Il inaugurait son règne par la convocation des Etats généraux de 1484, n'ayant en vue qu'une grande réforme politique et qu'un régime de liberté et de légalité (1).

Les enfants de Jacques Cœur qui avaient gardé le silence sans désespérer jamais, jugèrent le moment favorable pour demander la revision du procès de leur père et solliciter du Parlement sa réhabilitation.

A cet effet, le 11 janvier 1486, ils présentaient requête aux Premier Président, Présidents et Conseillers, tous composant la Cour du Parlement de Paris pour voir dire les débats ouverts et prononcer ensuite la nullité de la sentence prononcée contre Jacques Cœur par le Grand Conseil du Roy, le 29 mai 1453. M° de Ganay, avocat en Parlement et leur défenseur, posait et développait dans ses conclusions les moyens suivants :

1° Les informations contre Jacques Cœur avaient été faites par Otto Castellani (2), ennemi juré et capital dudit Cœur ;

---

(1) Les idées libérales et démocratiques ne sont pas l'apanage du régime républicain qui se flatte de les avoir fait naître. Elles existaient déjà en 1484, si l'on s'en rapporte aux belles paroles prononcées lors de l'ouverture des Etats Généraux à Tours, par Philippe Pot, seigneur de la Roche.

Trouverait-on aujourd'hui un esprit politique à la fois aussi hardi et prudent, aussi conservateur et réformateur.

« Je voudrais vous voir bien convaincus que le gouvernement de
« l'Etat est l'affaire du peuple ; j'appelle peuple non-seulement la
« foule de ceux qui sont simplement sujets de cette couronne, mais
« encore tous les hommes de chaque Etat, y compris aussi les
« princes. Dès que vous vous considérez comme les députés de tous
« les Etats du royaume, pourquoi craignez-vous de conclure que vous
« avez été surtout appelés pour diriger par vos conseils, la chose
« publique en quelque sorte vacante en raison de la minorité du
« Roy ? Loin de moi l'intention de dire que le règne proprement
« dit, la domination passe à quelque autre personne que le Roy ;
« c'est seulement l'administration, la tutelle du royaume qui est
« attribuée pour un temps au peuple ou à ses élus. Pourquoi trem-
« blez-vous de mettre la main à la disposition, à l'arrangement et
« à la nomination du Conseil de la couronne ? Vous êtes ici pour
« dire et pour conseiller librement, ce qui, par l'inspiration de Dieu
« et de votre conscience, vous croyez utile au royaume. »

Georges Picot : *Histoire des Etats Généraux.*

Journal des Etats Généraux de 1484, par Jean Masselin ,chanoine, publié et revu par Besnier.

(2) Otto Castellani (Othon Castellain ou Chastellain) était un Florentin venu de bonne heure en France où il avait fait grande fortune. Il avait été nommé « Trésorier de Toulouse » au moment où Jacques

2° De plus, Otto Castellani avait été du nombre des commissaires qui firent son procès ;

3° Ceux qui s'étaient dits commissaires n'avaient jamais reçu de commissions régulières et n'avaient eu, par conséquent aucun pouvoir ;

4° Ni le droit, ni la forme n'avaient été respectés dans la procédure ;

5° L'arrêt définitif rendu contre Cœur ne portait ni absolution, ni condamnation du crime de l'empoisonnement suivi de la mort d'Agnès Sorel, dont on l'accusait ;

6° Il n'y avait point été fait droit quoique le même jour il y eut eu sentence rendue contre Jeanne de Vendôme, épouse de Montbéron, par laquelle elle fut déclarée avoir faussement et méchamment accusé ledit Cœur de ce crime d'empoisonnement ;

7° Le procès de Jacques Cœur avait été fait et s'était poursuivi de château en château et de place en place, et non en un lieu convenable où la procédure eut été régulière et la défense possible et assurée ;

8° Les commissaires irrégulièrement institués n'avaient fait aucun examen ni aucun droit sur les titres de cléricature et de tonsure dont Jacques Cœur était pourvu, que de ce fait, ils étaient des juges incompétents et n'avaient pu connaître du procès ;

9° Ainsi : par tous ces moyens et par les fausses accusations dont la jalousie, la haine et la malignité des enennmis de Cœur l'avaient chargé, l'arrêt rendu contre lui était nul.

La procédure ayant suivi régulièrement et le dépôt des pièces ayant été effectué au greffe, Charles, sur les observations de son Conseil, se fit communiquer tout le dossier dont il fut dressé inventaire.

Pour éteindre cette affaire qui eut été un scandale, le Roy rendit, le 15 juin 1486, à Troyes, où il se trouvait alors, des Lettres patentes interdisant aux héritiers Cœur de se porter par voie d'appel devant le Parlement de Paris contre

---

Cœur était commissaire du Roy en Languedoc et sur les indications de ce dernier. A la chute de Jacques Cœur, il fut un de ses plus ardents accusateurs et obtint ses titres et place d'argentier du Roy.

Il n'en jouit que fort peu de temps car, accusé et convaincu de maleversations, il fut arrêté et incarcéré à Lyon, en 1455, par Jean de la Gardette, prévôt de l'Hôtel du Roy, ce dernier se trouvant séjourner dans cette ville.

le jugement rendu le 29 mai 1453 contre Jacques Cœur.

Bien plus, le 25 janvier 1487, il réunit solennellement son Grand Conseil et fit venir les Premier Président et Conseillers de la Cour du Parlement. Tous ayant pris place devant Sa Majesté : le chancelier de France, Guillaume de Rochefort se leva et fit un long exposé touchant l'incident pendant en la Cour du Parlement ; Entre : M. le Procureur général, demandeur et requérant l'entérinement pur et simple des lettres patentes du Roy, d'une part ;

Et : Messire Geoffroy Cœur, chevalier, défenseur à cet entérinement et appelant d'un arrêt rendu par le Roy Charles VII en son Conseil contre Jacques Cœur, son père, d'autre part ;

Ces qualités posées, le chancelier conclut ainsi :

Pour conserver l'autorité et la souveraineté royale, l'intention formelle de Sa Majesté était de ne point permettre que ledit Geoffroy Cœur ou d'autres fussent reçus à interjeter appel de l'arrêt ou jugement définitif donné par ledit feu Roy Charles VII en son Conseil contre ledit Jacques Cœur. Mais que si ledit Geoffroy Cœur voulait objecter quelque chose contre ledit arrêt, il y vint, par voie de supplication et de propositon d'erreur en la manière accoutumée et suivant les ordonnances royaux.

Que de cette manière, Sa Majesté le recevrait volontiers pourvu que le jugement qui interviendrait sur ce point fut rendu en sa présence, dans son Conseil et non ailleurs.

Et du tout, le Chancelier requit acte, déclaration et inscription sur les registres.

C'était l'enlèvement de la juridiction au Parlement et par conséquent l'échec définitif de toute tentative de réhabilitation. Geoffroy Cœur étant décédé, il intervint le trois septembre 1489 sur le désir du Roy lui-même la transaction suivante qui éteignait toutes discussions.

Entre : Haut et puissant seigneur Jean de Chabannes, comte de Dampmartin, baron de Toucy et de Tours en Champagne, seigneur de Constenay de Villeneuville, Montesfillonnet et du pays de Puisaye, fils et héritier de feu Antoine de Chabannes, comte de Dampmartin, seigneur desdits lieux, grand maître d'hôtel de France, d'une part ;

Et : Noble dame Ysabeau Bureau, veuve de feu noble Geoffroy Cœur, seigneur de la Chaussée, tant en son nom que comme mère et tutrice de leurs enfants, d'autre part ;

Touchant le procès pendant au Parlement entre ledit

feu Geoffroy Cœur et ledit feu Antoine de Chabannes qui, sous prétexte de l'arrêt rendu par le feu Roy Charles VII en son grand Conseil, le 29 mai 1453 contre feu Jacques Cœur, s'était mis en possession des seigneuries de St-Fargeau, Toucy, Saint-Maurice, Perreuse et autres seigneuries situées en pays de Puisaye appartenant audit feu Jacques Cœur, père dudit Geoffroy.

Duquel arrêt ce dernier avait appelé au Parlement, relevé son appel et poursuivi contre le Procurerur général du Roy de manière que les parties étaient depuis longtemps appointées en droit en ladite Cour et le procès prêt à être jugé.

Au moyen duquel ladite veuve comme mère et tutrice de ses enfants, prétendait recouvrer lesdites seigneuries dudit Jean de Chabannes comme héritier de son père, ainsi que les autres seigneuries dudit feu Jacques Cœur qui étaient possédées par plusieurs autres personnes en divers lieux.

Ledit Jean de Chabannes soutenait qu'il était légitime possesseur desdites seigneuries par ce qu'en vertu de l'arrêt rendu par Charles VII contre feu Jacques Cœur: toutes ses seigneuries et entre autres celles du pays de Puisaye avaient été mises en criées et subhastations à la requête du Procureur général du Roy, de telle manière que lesdites seigneuries de St-Fargeau, Toucy, St-Maurice, Perreuse et autres étant au pays de Puisaye avaient été vendues et adjugées par décret en l'auditoire de la Chambre du Trésor à Paris dès l'an 1454 au profit dudit Antoine de Chabannes, son père, moyennant une grosse somme d'argent.

Par laquelle transaction : Ledit Jean de Chabannes cède à perpétuité à ladite dame et aux héritiers dudit feu Geoffroy Cœur, la rente annuelle et perpétuelle de quatre cents livres tournois et, en conséquence leur laisse et délaisse la terre et seigeurie de Beaumont avc toutes ses appartenances et dépendances comme représentant deux cents livres de rente et pour les deux cents livres de rente restantes, il les leur assigne sur des rentes et fonds de terre situés dans le vicomté de Paris.

Au moyen de quoi : ladite dame et lesdits héritiers de Geoffroy Cœur se désistent en faveur dudit Jean de Chabannes de tous les droits qu'ils avaient à prétendre sur lesdites seigneuries sans préjudice des droits qu'ils ont ou pourront avoir sur les autres terres dudit Jacques Cœur, possédées par divers particuliers en divers lieux. Et ont signé les notaires : Lemaire et de Montraillon.

Le procès de Jacques Cœur était définitivement terminé. L'injustice était consacrée. Les petits-fils étaient vaincus dans la lutte comme l'avait été l'ancêtre lui-même. On transigeait déjà au xv⁰ siècle sur les questions les plus graves. Peut-on s'étonner qu'on transige aussi facilement aujourd'hui soit en morale, soit en politique ? Non, à coup sûr ! L'intérêt n'a-t-il pas été toujours et n'est-il pas encore aujourdhui la base de toutes les actions humaines ?